Aus dem Backofen

Aus dem Backofen

Aufläufe

Brote

Pizza & Quiche

Geschmort & gebraten

Das große Plus

Am Anfang war ein Stein.
Außerdem ein Getreidebrei.
Und die Sonne.
Der Brei geriet zufällig auf den
von der Sonne erhitzten Stein.
Und wurde zu einem
Fladen gebacken.

Wem auch immer das vor vermutlich 6000 Jahren passiert ist – sie (!) zog die richtigen Schlüsse daraus. Sonst nämlich hätten wir heute keine Backöfen. Oder wir hätten welche, wären aber in der Entwicklung zurück. Sagen wir, im Mittelalter. Als man erstmals auf die Idee kam, Backöfen in Häuser einzubauen. Oder im letzten Jahrhundert, als es für die kleinen Leute noch nicht selbstverständlich war, eine Küche mit eigenem Backrohr zu besitzen. Wenn man einen Kuchen oder ein Brot wollte, brachte man den Teig zum Dorfofen – oder zum örtlichen Bäcker.

In vielen europäischen Ländern gibt es wundervolle Schmorgerichte und Braten, die man traditionell am Sonntagmorgen in die Backstube brachte und sie mittags oder abends wieder abholte. So hatte man Zeit zum Kirchgang, zum Herausputzen der Kinder nebst der Stube, zum Tischdecken und Die-Haare-schön-Machen.

Eigentlich ist das immer noch so. Schon deshalb lieben wir alle Arten von Backofengerichten. Denn von der Quiche bis zum Brot, vom Auflauf bis zur Lammkeule – den größten Teil der Arbeit erledigen Zeit und Ofen. Und Sie? Schmökern derweil weiter in diesem Buch ...

Aufläufe

Die Verwandlungskünstler unter den Backofengerichten – mal ehrlich-deftiges Alltagsessen, mal fein und edel als Gang im Festtagsmenü. Mal aufwendig und exotisch, mal ganz einfach. Aber immer köstlich!

Käse-Lasagne mit Birne

vegetarisch | gut vorzubereiten

6	**Portionen**
	Zubereitungszeit 45 Min.
	Backzeit 45 Min.
Pro Portion	**ca. 675 kcal, E 38 g, F 35 g, KH 51 g**

150 g	fester Blauschimmelkäse (Edelpilzkäse)
2	Schalotten
2	Birnen (à 300 g)
2–3 EL	Butter
je 1 EL	Zucker und Zitronensaft
	Meersalz, frisch gemahlener weißer Pfeffer
4	Eier
750 g	Quark (20 % Fett)
150 ml	Milch
	Cayennepfeffer
250 g	Lasagneblätter (ohne Vorkochen)
2 Packungen	Mozzarella-Käse (à 125 g)
	Fett für die Form

• Den Blauschimmelkäse kurz in das Tiefkühlgerät legen; er wird so fester und lässt sich einfacher reiben. Schalotten abziehen und fein hacken. Birnen schälen, vierteln, entkernen und in dünne Scheiben schneiden.

• Die Butter in einer Pfanne schmelzen. Schalotten, Birnen, Zucker und Zitronensaft bei kleiner Hitze unter Rühren in etwa 10 Min. karamellisieren lassen. Mit etwas Salz und Pfeffer würzen und abkühlen lassen.

• 2 Eier trennen. Die restlichen Eier, Eigelbe, Quark und Milch verrühren. Mit Salz und wenig Cayennepfeffer würzen. Blauschimmelkäse grob reiben und unterrühren. Die Eiweiße steif schlagen und mit einem Schneebesen unter die Käsemasse heben. Den Backofen auf 180° (Umluft 160°, Gas Stufe 3) vorheizen.

• Eine Auflaufform (2 l Inhalt) fetten. Birnen abwechselnd mit Käsecreme und Lasagneblättern in die Form schichten. Mit Käsecreme abschließen.

• Mozzarella abtropfen lassen und in Scheiben schneiden, auf die Lasagne legen. Die Lasagne im Ofen in etwa 45 Min. goldgelb backen.

Dazu frischer grüner Salat

Überbackene Kräuterpolenta

vegetarisch | einfach | preiswert

3	**Portionen**
	Zubereitungszeit 40 Min.
	Backzeit 20–25 Min.
Pro Portion	**ca. 605 kcal, E 27 g, F 35 g, KH 46 g**

150 ml	Milch
½ TL	Salz, frisch geriebene Muskatnuss
150 g	Polenta (Maisgrieß)
½ Bund	Salbei
70 g	frisch geriebener Parmesan-Käse
750 g	Tomaten
125 g	Fontina-Käse (oder anderer halbfester Schnittkäse)
	frisch gemahlener grober Pfeffer
40 g	Butter
	Öl für die Form

- Für die Polenta etwa 300 ml Wasser und Milch mit Salz und etwas Muskat aufkochen. Die Polenta unter Rühren einstreuen und bei kleiner Hitze etwa 10 Min. quellen lassen. Dabei zwischendurch umrühren.

- 5 große Salbeiblätter abspülen, trocken tupfen, hacken und mit 50 g Parmesan unter die Polenta rühren. Ein Backblech mit Öl bestreichen, die Polenta daraufgeben und ½ cm dick verstreichen. Abkühlen lassen.

- Den Backofen auf 200° (Umluft 180°, Gas Stufe 4) vorheizen. Eine Auflaufform fetten. Tomaten kreuzweise einritzen, mit kochendem Wasser überbrühen, kalt abspülen und häuten. Tomaten vierteln, von Stielansätzen und Kernen befreien, das Fruchtfleisch grob würfeln. Den Käse grob reiben. Salbei abspülen, trocken schütteln und bis auf 6–8 kleine Blätter in Streifen schneiden. Tomaten, Käse und Salbei mischen und mit grobem Pfeffer und eventuell Salz würzen. Die kalte Polenta in etwa 5 cm große Dreiecke schneiden.

- Polenta-Ecken und Tomaten dachziegelartig in die Form schichten. Den restlichen Parmesan darüberstreuen. Alles im Ofen 20–25 Min. backen.

- Die Butter in einer Pfanne erhitzen und die restlichen Salbeiblätter darin kross anbraten. Kurz vor dem Servieren auf die überbackene Polenta geben.

Klassiker

Kartoffelgratin

Kartoffelgratin ist ein wunderbares Gericht, das als Hauptgericht mit grünem Salat serviert werden kann oder als Beilage. Zu Fisch oder Fleisch reicht es dann für 6 Personen.

4 Portionen
Zubereitungszeit 30 Min.
Backzeit 40–50 Min.
Pro Portion **ca. 435 kcal, E 7 g, F 31 g, KH 33 g**

- 1 Knoblauchzehe
- 20 g weiche Butter
- 1 kg mittelgroße mehlig kochende Kartoffeln
- 10 g getrocknete Steinpilze
- Salz, frisch gemahlener Pfeffer
- frisch geriebene Muskatnuss
- 350 g Sahne

• Den Backofen auf 200° (Umluft 180°, Gas Stufe 4) vorheizen. Den Knoblauch abziehen, die Zehe halbieren und eine möglichst große Gratinform (30 cm ∅) damit ausreiben. Die Form anschließend mit etwas Butter ausstreichen.

• Die Kartoffeln schälen, abspülen und auf einem Küchenhobel in dünne Scheiben hobeln (Step 1). Die Steinpilze eventuell grob hacken.

• Kartoffelscheiben schuppenartig in die Form geben (Step 2). Pilzstückchen dazwischen streuen und die Kartoffeln mit Salz, Pfeffer und Muskat würzen.

• Die Sahne über die Kartoffeln gießen (Step 3) und die restliche Butter in kleinen Flöckchen darauf verteilen. Das Kartoffelgratin im Ofen 40–50 Min. backen, bis die Kartoffelränder braun werden.

Tipps **Die getrockneten Steinpilze kann man auch weglassen und das Gratin dafür mit 80 g geriebenem Greyerzer-Käse oder fein gehackten Rosmarinnadeln bestreuen.**

Wenn das Gratin in Portionsförmchen gebacken wird, verkürzt sich die Backzeit auf 25–30 Min.

1

2

3

Spargellasagne

vegetarisch | gut vorzubereiten

4	**Portionen**
	Zubereitungszeit 1 Std., Backzeit 35–40 Min.
Pro Portion	**ca. 535 kcal, E 27 g, F 31 g, KH 37 g**
1 kg	weißer Spargel
	Salz, 1 TL Zucker
60 g	Butter
750 g	Spinat
1	Zwiebel
1	Knoblauchzehe
1 EL	Öl
	frisch gemahlener Pfeffer
40 g	Mehl
	gekörnte Brühe
9	Lasagneblätter (ohne Vorkochen)
250 g	Mozzarella-Käse
	Fett für die Form

- Den Spargel schälen und die Enden knapp abschneiden. Etwa 600 ml Wasser mit Salz, Zucker und 10 g Butter aufkochen. Den Spargel darin etwa 5 Min. kochen. Herausnehmen, kalt abspülen und abtropfen lassen. Sud aufheben.
- Den Spinat gründlich verlesen und abspülen. Zwiebel und Knoblauch abziehen und fein würfeln. Das Öl in einem Topf erhitzen, Zwiebel und Knoblauch darin andünsten. Den Spinat tropfnass dazugeben und zugedeckt bei mittlerer Hitze zusammenfallen lassen. Mit Salz und Pfeffer abschmecken.
- Für die Béchamelsauce 50 g Butter in einem Topf schmelzen und das Mehl darin unter Rühren andünsten. ½ l Spargelwasser nach und nach mit einem Schneebesen unterrühren. Die Sauce bei kleiner Hitze etwa 5 Min. kochen lassen. Mit Salz, Pfeffer und gekörnter Brühe abschmecken.
- Den Backofen auf 180° (Umluft 160°, Gas Stufe 3) vorheizen. Eine ofenfeste Form fetten und mit Nudelblättern auslegen. Darauf eine Schicht Spargel legen und mit der Hälfte der Béchamelsauce bestreichen. Die Hälfte vom abgetropften Spinat darauflegen. Mit einer doppelten Lage Lasagneblättern belegen. Sauce, Spinat und zum Schluss Spargel daraufschichten.
- Den Mozzarella in Scheiben schneiden und auf die Lasagne legen. Im Ofen in 35–40 Min. goldbraun überbacken.

Tomatenlasagne

vegetarisch | schmeckt Kindern | einfach

2	**Portionen**
	Zubereitungszeit 30 Min.
	Backzeit 40 Min.
Pro Portion	**ca. 555 kcal, E 27 g, F 30 g, KH 43 g**

20 g	Butter
25 g	Mehl
200 ml	Gemüsebrühe (Instant)
70 ml	fettarme Milch
	Salz, frisch gemahlener Pfeffer
1 Bund	Basilikum oder glatte Petersilie
2 EL	Olivenöl
450 g	Tomaten
125 g	fettarmer Mozzarella-Käse
4	Lasagneblätter (ohne Vorkochen)
30 g	Gouda-Käse
	Fett für die Form
	Basilikumblätter zum Bestreuen

• Die Butter in einem Topf erhitzen und das Mehl darin unter Rühren andünsten. Brühe und Milch langsam dazugießen und mit einem Schneebesen kräftig rühren, damit sich keine Klümpchen bilden. Die Sauce aufkochen lassen, bis sie dickflüssig ist. Mit Salz und Pfeffer abschmecken und beiseitestellen.

• Kräuter abspülen und trocken schütteln. Die Blätter abzupfen und grob hacken. Kräuter und Öl mit dem Stabmixer pürieren, salzen und pfeffern.

• Tomaten abspülen, trocken tupfen und in Scheiben schneiden, dabei die Stielansätze entfernen. Den Mozzarella abtropfen lassen und in Scheiben schneiden.

• Den Backofen auf 200° (Umluft 180°, Gas Stufe 4) vorheizen. Eine kleine ofenfeste Form fetten und abwechselnd Sauce, Lasagneblätter, Tomaten, Kräuteröl und Mozzarella einschichten. Mit Tomaten und Sauce abschließen. Den Gouda fein reiben und über die Lasagne streuen. Den Auflauf im Ofen etwa 40 Min. backen. Mit Basilikumblättern bestreuen.

Variante Statt Tomaten schmecken auch Zucchini- oder Paprikastücke in der Lasagne.

Kartoffel-Lachs-Auflauf

für Gäste

4	**Portionen**
	Zubereitungszeit 30 Min.
	Backzeit 40 Min.
Pro Portion	**ca. 330 kcal, E 23 g, F 17 g, KH 21 g**

20 g	getrocknete Steinpilze
2	Schalotten
	Meersalz
1 kg	mehlig kochende Kartoffeln
600 g	Lachsfilet im Stück (ohne Haut)
150 g	Sahne
1	Knoblauchzehe
½ Bund	Oregano
	frisch gemahlener Pfeffer
20 g	Butter
	Fett für Form

• Pilze in 175 ml lauwarmem Wasser etwa 10 Min. einweichen. Schalotten abziehen und würfeln. Reichlich Salzwasser erhitzen. Die Kartoffeln schälen, abspülen und in dünne Scheiben hobeln. In kochendes Salzwasser geben und 2 Min. vorkochen. In ein Sieb gießen und abtropfen lassen.

• Den Lachs abspülen, trocken tupfen und in dünne Scheiben schneiden, dabei eventuell vorhandene Gräten entfernen. Den Backofen auf 200° (Umluft 180°, Gas Stufe 4) vorheizen.

• Eingeweichte Pilze abgießen und ausdrücken, dabei das Wasser auffangen. Die Pilze fein hacken. Mit Sahne und dem Pilzwasser verrühren. Knoblauch abziehen und fein würfeln. Oregano abspülen, trocken schütteln und die Blättchen hacken. Eine Hälfte zusammen mit dem Knoblauch in die Pilzsahne geben. Mit Salz und Pfeffer würzen.

• Eine ovale ofenfeste Form (etwa 30 cm Länge) fetten. Kartoffel- und Lachsscheiben und Schalottenwürfel lagenweise einschichten. Dabei über jede Schicht einige EL Pilz-Sahne gießen. Mit einer Kartoffelschicht abschließen.

• Den Auflauf im Ofen etwa 40 Min. backen, nach 25 Min. die Butter in kleinen Flöckchen darüber verteilen. Kurz vor dem Servieren den restlichen Oregano darüberstreuen.

Nudelauflauf

einfach | preiswert | schmeckt Kindern

4 **Portionen**
Zubereitungszeit 30 Min.
Backzeit 30–35 Min.
Pro Portion **ca. 620 kcal, E 30 g, F 33 g, KH 50 g**

---

250 g Makkaroni (oder andere Nudeln)
Salz
200 g gekochter Schinken in dicken Scheiben
1 Zwiebel
40 g Butter
½ l Milch
3 Eier
frisch gemahlener Pfeffer
60 g mittelalter Gouda-Käse
Fett für die Form

- Die Nudeln nach Packungsangabe in sprudelndem Salzwasser bissfest kochen. In ein Sieb gießen und gut abtropfen lassen.
- Den Backofen auf 220° (Umluft 200°, Gas Stufe 5) vorheizen. Den Schinken grob würfeln. Die Zwiebel abziehen, halbieren und in feine Würfel schneiden. Die Hälfte der Butter erhitzen und die Zwiebelwürfel darin glasig dünsten.
- Eine große Auflaufform oder vier kleine Portionsförmchen fetten. Nudeln, Zwiebel- und Schinkenwürfel gut mischen und in die Form geben. Milch und Eier verquirlen und mit Salz und Pfeffer abschmecken. Die Masse über die Nudeln gießen.
- Den Käse fein reiben und auf dem Auflauf verteilen. Die restliche Butter in kleinen Flöckchen darauf verteilen. Den Nudelauflauf im Ofen in 30–35 Min. goldbraun überbacken.

Dazu Tomatensalat

Tipps Das Rezept kann man verdoppeln und den Auflauf in der Fettpfanne des Backofens backen. Zusätzlich eventuell Porreeringe, Paprikawürfel, Erbsen, Maiskörner oder gewürfelte getrocknete Tomaten unter die Nudeln mischen.

Die Kruste wird besonders knusprig, wenn vor dem Backen noch 2–3 EL geriebener Parmesan-Käse über den Auflauf gestreut werden.

Couscousauflauf

vegetarisch | einfach

4	**Portionen**
	Zubereitungszeit 30 Min.
	Backzeit 20–25 Min.
Pro Portion	**ca. 690 kcal, E 27 g, F 22 g, KH 94 g**

etwa 900 ml	Gemüsebrühe
500 g	Instant-Couscous
1	Zucchino (etwa 250 g)
1	Aubergine (etwa 320 g)
	Salz
je 1	rote und gelbe Paprikaschote
30 g	ganze geschälte Mandeln
1 Bund	glatte Petersilie
5 EL	Olivenöl
	frisch gemahlener Pfeffer
200 g	Feta-Käse
2–3 EL	Ajvar (Paprikapaste aus dem Glas)
	Fett für die Form

- 600 ml Brühe aufkochen und über den Couscous gießen. Nach Packungsangabe quellen lassen.
- Inzwischen Zucchino, Aubergine und Paprika putzen, abspülen und klein würfeln. Auberginenwürfel salzen, damit sie Wasser ziehen können. Mandeln in einer Pfanne ohne Fett rösten, herausnehmen und abkühlen lassen. Petersilie abspülen, trocken schütteln und die Blätter grob hacken. Backofen auf 200° (Umluft 180°, Gas Stufe 4) vorheizen. Eine Auflaufform fetten.
- Auberginenwürfel trocken tupfen. 3 EL Öl in der Pfanne erhitzen und die Würfel darin anbraten. Herausnehmen und das restliche Gemüse portionsweise anbraten. Mit Salz und Pfeffer würzen.
- Den Couscous mit einer Gabel lockern und die Hälfte in die Form geben. Gemüse, Mandeln und zwei Drittel der Petersilie mischen und auf dem Couscous verteilen. Mit dem restlichen Couscous bedecken. Feta mit den Händen fein zerkrümeln und über den Couscous streuen. Das restliche Öl darüberträufeln. Den Auflauf im Ofen in 20–25 Min. goldbraun überbacken.
- Zum Servieren die restliche Petersilie über den Auflauf streuen. Restliche Brühe und Ajvar verrühren und als Sauce dazu servieren.

Schweinefilet-Pie

schmeckt Kindern

4	**Portionen**
	Zubereitungszeit 40 Min.
	Backzeit 30 Min.
Pro Portion	**ca. 590 kcal, E 50 g, F 30 g, KH 29 g**

3 Platten	TK-Blätterteig (à 75 g)
2–3	rote Zwiebeln
800 g	Porree
400 g	Champignons
500 g	Schweinefilet
1 EL	Butterschmalz
	Salz, frisch gemahlener Pfeffer
100 g	Sahne
3 EL	Senf
	Cayennepfeffer
	Mehl zum Ausrollen
1	Eigelb zum Bestreichen

• Die Blätterteigplatten auftauen lassen. Den Backofen auf 200° (Umluft 180°, Gas Stufe 4) vorheizen. Die Zwiebeln abziehen und grob würfeln. Den Porree putzen, abspülen und in feine Ringe schneiden. Champignons putzen, je nach Größe vierteln oder halbieren. Das Schweinefleisch abspülen, trocken tupfen und in Streifen schneiden.

• Das Butterschmalz in einer großen Pfanne erhitzen und die Filetstreifen darin kräftig braun anbraten. Mit Salz und Pfeffer würzen und aus der Pfanne nehmen. Die Zwiebeln im Bratfett anbraten. Porree und Champignons dazugeben und etwa 7 Min. unter Rühren braten. Die Pfanne vom Herd nehmen.

• Sahne und Senf unter das Gemüse rühren. Mit Salz, Pfeffer und Cayennepfeffer kräftig abschmecken. Das Fleisch untermischen und alles in eine ofenfeste Form geben.

• Die Blätterteigplatten übereinanderlegen und auf wenig Mehl etwas größer als die Form ausrollen. Mit einem Plätzchen-Ausstecher kleine Formen daraus ausstechen. Die Teigplatte über die Auflaufform legen und die Teigränder an der Form festdrücken. Die ausgestochenen Teigstücke auf die Platte legen und alles dünn mit verquirltem Eigelb bestreichen. Die Pie im Ofen etwa 30 Min. backen. Nach etwa 15 Min. eventuell mit Backpapier abdecken, damit die Oberfläche nicht zu dunkel wird.

Dazu Blattsalat

Tipp **Der Teigdeckel muss unbedingt Löcher haben, damit der Dampf aus der Pie entweichen kann.**

meine größte Freud

Kirsch-Clafoutis

vegetarisch | für Gäste

6	**Portionen**
	Marinierzeit 3 Std.
	Zubereitungszeit 30 Min.
	Backzeit 30–35 Min.
Pro Portion	**ca. 375 kcal, E 11 g, F 16 g, KH 43 g**

500 g	Sauerkirschen (evtl. aus dem Glas)	90 g	Zucker
3 EL	Kirschwasser (oder Orangensaft)		Salz
45 g	Butter	4	Eier
125 g	Mehl	125 ml	Milch
2 EL	Kakaopulver	35 g	Mandelblättchen
1 Msp.	Backpulver		Fett und Zucker für die Form

- Die Kirschen putzen, abspülen und entsteinen. Kirschen aus dem Glas abtropfen lassen. Mit dem Kirschwasser begießen und mindestens 3 Std. ziehen lassen.
- Eine ofenfeste Pfanne (etwa 26 cm ∅) oder Auflaufform fetten und mit Zucker ausstreuen. Die Kirschen abtropfen lassen, die Flüssigkeit dabei auffangen. Kirschen in die Pfanne oder Form geben.
- Die Butter schmelzen und abkühlen lassen. Den Backofen auf 180° (Umluft 160°, Gas Stufe 3) vorheizen. Mehl und Kakao sieben. Mit Backpulver, Zucker und 1 Prise Salz in eine Rührschüssel geben. Die Eier verquirlen und mit der Butter zum Mehl geben. Alles mit den Quirlen des Handrührgeräts gut verrühren. Die Milch leicht erwärmen und nach und nach unter den Teig rühren, sodass keine Klümpchen entstehen.
- Den Teig gleichmäßig über die Kirschen gießen und die Mandelblättchen darüberstreuen. Den Auflauf im Ofen 30–35 Min. backen.
- Den Clafoutis herausnehmen und etwas vom aufgefangenen Kirschsaft darüberträufeln.

Tipps **Klassisch wird Clafoutis heiß serviert, er schmeckt aber auch kalt.**

Besonders gut schmeckt er mit ganz kleinen Wildkirschen, die nicht entsteint sind. Die Steine geben ein besonders intensives Aroma.

Apfel-Rahm-Strudel

braucht etwas Zeit | für Gäste

8 **Portionen**
Zubereitungszeit 1 Std., Backzeit 50–60 Min.
Pro Portion **ca. 525 kcal, E 6 g, F 33 g, KH 52 g**

200 g	Mehl
½ TL	Salz
4 EL	Sonnenblumenöl
1 kg	säuerliche Äpfel (z. B. Boskop)
250 g	mehlig kochende Kartoffeln
30 g	grobe Semmelbrösel
80 g	Butter
4 EL	Zucker
150 g	Crème fraîche
50 g	Mandelblättchen
250 g	Sahne
1	Zimtstange
	Mehl zum Arbeiten

• Für den Teig Mehl, Salz, Öl und 100 ml lauwarmes Wasser zunächst mit den Knethaken des Handrührgeräts oder mit einem Holzlöffel, dann mit den Händen zu einem glatten Teig kneten. Teig auf die Arbeitsfläche schlagen und kräftig kneten, bis er elastisch ist. Teig zu einer Kugel formen und unter einem heiß ausgespülten Topf oder Schüssel etwa 30 Min. ruhen lassen.

• Inzwischen für die Füllung Äpfel und Kartoffeln schälen. Äpfel vierteln, von Kerngehäusen befreien und quer in Scheiben schneiden. Kartoffeln in hauchdünne Scheiben hobeln. Semmelbrösel in einer Pfanne ohne Fett leicht rösten.

• Den Teig in drei Portionen teilen. Ein Geschirrtuch mit Mehl bestreuen und jede Teigportion darauf etwa ½ cm dick ausrollen. Die Hände mit den Handflächen nach unten unter den Teig schieben. Teig von der Mitte aus über die Handrücken zu einem Rechteck (25 × 35 cm) ziehen. Die dickeren Ränder mit den Fingern ausziehen. Der Teig soll so dünn sein, dass man darunter eine Zeitung lesen könnte. Backofen auf 200° (Umluft 180°, Gas Stufe 4) vorheizen.

• Butter schmelzen, die Hälfte auf die Teige streichen. Semmelbrösel daraufstreuen. Mit Äpfeln und Kartoffeln belegen, etwa 5 cm Rand frei lassen. 1 EL Zucker überstreuen. Crème fraîche und 30 g Mandelblättchen darüber verteilen.

• Eine ofenfeste Form mit 1 EL Zucker ausstreuen. Die freien Teigränder der Längsseiten über die Füllung schlagen und die Strudel mithilfe des Küchentuches aufrollen. Die Strudelrollen nebeneinander mit der Naht nach unten in die Form legen, mit der restlichen Butter bestreichen.

• Sahne mit 2 EL Zucker und der Zimtstange aufkochen. Zimt entfernen. Die heiße Sahne in die Form gießen und die Strudel mit den restlichen Mandelblättchen bestreuen. Im Ofen 50–60 Min. backen.

Brioche-Auflauf mit Mandeln

schmeckt Kindern | einfach

6	**Portionen**
	Zubereitungszeit 25 Min.
	Zeit zum Ziehen 20 Min., Backzeit 45 Min.
Pro Portion	**ca. 420 kcal, E 9 g, F 25 g, KH 40 g**

50 g	geschälte Mandeln
4–5 EL	brauner Rohrzucker
300 g	Brioche-Brot (abgepackt oder vom Vortag)
25 g	gesalzene Butter
1	Vanilleschote
300 ml	Milch
150 g	Sahne
2–3	Eigelb
	Fett für die Form

- Die Mandeln in einer Pfanne ohne Fett goldbraun anrösten und herausnehmen. Eine Auflaufform fetten und den Boden mit 1 EL Zucker und der Hälfte der Mandeln bestreuen.

- Das Brot in Scheiben schneiden und je eine Seite dünn mit Butter bestreichen. Brot dachziegelartig in die Auflaufform legen.

- Die Vanilleschote längs aufschneiden und das Mark herauskratzen. Milch und Sahne mit Vanillemark und -schote aufkochen. Den Topf vom Herd nehmen. Eigelbe und 2 EL Zucker mit einem Schneebesen kräftig verschlagen und die heiße Milch langsam unter Rühren dazugießen. Die Schote herausnehmen, die Eier-Milch gut verrühren und über die Brioche-Scheiben gießen. Etwa 20 Min. durchziehen lassen.

- Den Backofen auf 180° (Umluft 160°, Gas Stufe 3) vorheizen. Restliche Mandeln und Zucker als Kruste auf das Brot streuen. Auflauf im Ofen etwa 45 Min. backen, dabei nach 20 Min. eventuell mit Backpapier abdecken, damit er nicht zu dunkel wird. Herausnehmen und heiß oder lauwarm servieren.

Dazu Kompott aus Pflaumen oder Kirschen oder Vanillesauce

Variante Statt Brioche Hefezopf, Rosinenzopf, Rosinenbrot oder Milchbrötchen nehmen.

Apfel-Kokos-Gratin

einfach | preiswert

6	**Portionen**
	Zubereitungszeit 45 Min.
Pro Portion	**ca. 240 kcal, E 4 g, F 18 g, KH 17 g**

½	Zitrone
2	mittelgroße Äpfel (etwa 300 g)
3	Eier
70 g	Kokosraspel
2 EL	Kokoslikör (z. B. Batida de Coco; ersatzweise Apfelsaft)
50 g	Puderzucker
100 g	Sahne
	Fett für die Förmchen

• Den Backofen auf 180 ° (Umluft 160°, Gas Stufe 3) vorheizen. Die Zitrone auspressen. Die Äpfel vierteln, schälen und die Kerngehäuse entfernen. Äpfel in Spalten schneiden und mit dem Zitronensaft beträufeln.

• Die Eier trennen. Eigelbe, 30 g Kokosraspel, Kokoslikör und Puderzucker mit einem Schneebesen verrühren. Die Sahne steif schlagen und unter die Eier-Kokos-Masse heben.

• 6 kleine Tartelette-Förmchen (10 cm ∅) fetten und die Apfelspalten fächerartig darin verteilen. Die Kokosmasse darüber verteilen und mit den restlichen Kokosraspeln (etwa 1 EL pro Förmchen) bestreuen. Die Tartelettes im Ofen in 10–15 Min. goldgelb backen. Warm oder kalt servieren.

Dazu Vanillesauce

Variante Das Gratin schmeckt auch mit anderen Früchten, z. B. Birnen, Mango oder Pfirsichen, sehr gut.

Brote

Warum beschäftigen Spitzenrestaurants eigene Brotbäcker? Weil mit einem guten Brot ein ganzes Essen steht – oder fällt. Und was ist ein gutes Brot? Auf jeden Fall ein selbst gebackenes! Und das geht ganz leicht, wie Sie sehen werden.

Focaccia

preiswert | braucht etwas Zeit

24	**Stücke**
	Zubereitungszeit 30 Min.
	Ruhezeiten 4 Std. 10 Min.
	Backzeit 25 Min.
Pro Stück	**ca. 110 kcal, E 2 g, F 4 g, KH 15 g**

½ Würfel	frische Hefe (21 g)
1 TL	Zucker
500 g	Mehl
	Salz
10 EL	Olivenöl
2	Schalotten
2	Knoblauchzehen
1 Zweig	Rosmarin
1 EL	Meersalz

- Hefe, Zucker und 100 ml lauwarmes Wasser mischen und etwa 10 Min. an einem warmen Ort stehen lassen. Die Mischung sollte etwas schäumen.

- Das Mehl und 1 Prise Salz in eine Schüssel geben. Die Hefemischung, 200 ml lauwarmes Wasser und 3 EL Olivenöl dazugeben und zunächst mit den Knethaken des Handrührgeräts, dann mit den Händen zu einem elastischen Teig verkneten. Den Teig abdecken und an einem warmen Ort etwa 1 Std. 30 Min. gehen lassen, bis er sein Volumen etwa verdoppelt hat.

- Ein Backblech mit Öl bestreichen. Den Teig daraufgeben und flach auseinanderdrücken. Den Teig abgedeckt an einem warmen Ort 30 Min. gehen lassen.

- Inzwischen Schalotten und Knoblauch abziehen und fein würfeln. Rosmarin abspülen, die Nadeln abzupfen und hacken. Schalotten, Knoblauch und Rosmarin mit dem restlichen Olivenöl verrühren.

- Mit den Finger kleine Vertiefungen in den Teig drücken. Das gewürzte Öl auf den Teig träufeln und das Meersalz darüberstreuen. Den Teig abgedeckt an einem warmen Ort nochmals etwa 2 Std. gehen lassen. Den Backofen auf 200° (Umluft 180°, Gas Stufe 4) vorheizen.

- Die Focaccia im Ofen etwa 25 Min. backen. Herausnehmen, etwas abkühlen lassen und in Streifen schneiden.

Tipp **Focaccia lässt sich gut einfrieren. Gefrorene Focaccia im heißen Backofen bei 200° etwa 10 Min. aufbacken.**

Ciabatta

einfach | preiswert

4 **Brote**
Zubereitungszeit 35 Min.
Ruhezeiten 12 Std. + 40–50 Min.
Backzeit 30–40 Min.
Pro Brot **ca. 920 kcal, E 25 g, F 12 g, KH 177 g**

1 kg	Mehl (Type 550)
10 g	frische Hefe
30–40 ml	Olivenöl
30 g	Salz
	Mehl zum Arbeiten

• Das Mehl in eine Schüssel geben. Die Hefe zerbröckeln und in 720 ml kaltem Wasser unter Rühren auflösen. Das Hefewasser langsam zum Mehl gießen und zunächst mit den Knethaken des Handrührgeräts, dann mit den Händen zu einem glatten Teig verkneten.

• Den Teig zu einer Kugel formen und abgedeckt an einem kühlen Ort mindestens 12 Std. (am besten über Nacht) gehen lassen. (Ciabatta-Teige sollten sehr langsam aufgehen. Deswegen müssen sie im Gegensatz zu anderen Hefeteigen im Kühlen gehen und brauchen weniger Hefe.)

• Olivenöl und Salz zum Teig geben und alles mit den Händen zu einem weichen Teig kneten. Abgedeckt an einem kühlen Ort nochmals 20–30 Min. ruhen lassen.

• Den Teig vorsichtig in vier Teile teilen und flache längliche Laibe daraus formen. Dabei nicht mehr kneten, um nicht die Luftblasen aus dem Teig zu drücken.

• Zwei Backbleche mit Backpapier auslegen. Je 2 Brotlaibe darauflegen, mit Mehl bestäuben und abgedeckt an einem warmen Ort 20 Min. gehen lassen. Den Backofen auf 200° (Umluft 180°, Gas Stufe 4) vorheizen.

• Die Brote im Ofen 30–40 Min. backen. Sie sollen nicht zu dunkel werden.

Tipp **Die Brote lassen sich prima für den Vorrat einfrieren und schmecken auch aufgebacken sehr gut.**

Baguette

braucht etwas Zeit | preiswert

4 **Brote**
Zubereitungszeit 1 Std.
Ruhezeiten 2 Std. 15 Min.
Backzeit 15–20 Min. pro Blech
Pro Brot **ca. 800 kcal, E 24 g, F 3 g, KH 168 g**

---

850 g Mehl (Type 550)
Meersalz
5 g frische Hefe
150 g Bio-Natursauerteig (aus dem Reformhaus)
Mehl zum Arbeiten

- Mehl mit 1 gestrichenem EL Salz mischen und in die Mitte eine Mulde drücken. Die Hefe mit den Händen zerbröckeln und mit dem Sauerteig und ½ l lauwarmem Wasser in die Mulde geben.
- Alles zunächst mit den Knethaken des Handrührgeräts zu einem glatten Teig verkneten. Dann den Teig auf einer mit etwas Mehl bestreuten Arbeitsfläche etwa 15 Min. lang mit den Händen kneten. Den Teig in eine Schüssel legen, mit einem feuchten Geschirrtuch abdecken und an einem warmen Ort etwa 1 Std. 30 Min. gehen lassen.
- Zwei Backbleche mit Backpapier auslegen. Den Teig nochmals mit den Händen kneten und in vier gleich große Portionen teilen. Jede Teigportion zu einem Baguette von etwa 35 cm Länge formen und je zwei Baguettes auf ein Blech legen. Zugedeckt an einem warmen Ort nochmals etwa 45 Min. gehen lassen. Den Backofen auf 250° (Umluft 230°, Gas Stufe 6–7) vorheizen und eine Tasse mit Wasser auf den Ofenboden stellen.
- Die Brote nacheinander im Ofen (untere Schiene) pro Blech 15–20 Min. backen. Herausnehmen und auf einem Kuchengitter auskühlen lassen.

Tipps **Wenn der rohe Teigstrang beim Formen etwas gedreht wird, bekommt das Baguette ein besonders »rustikales« Aussehen.**

Der Sauerteig gibt den Baguettes ein kräftiges, leicht säuerliches Aroma.

Buttermilch-Party-Brötchen

einfach | schnell

12 Stück
Zubereitungszeit 30 Min.
Pro Stück **ca. 145 kcal, E 4 g, F 4 g, KH 21 g**

350 g	Mehl
3 TL	Backpulver
¾ TL	Salz
50 g	kalte Butter
1	Ei
150 ml	Buttermilch
2 EL	Milch zum Bestreichen
	Mehl zum Arbeiten

• Den Backofen auf 220° (Umluft 200°, Gas Stufe 5) vorheizen. Ein Backblech mit Backpapier auslegen. Mehl, Backpulver und Salz in einer Rührschüssel mischen. Die Butter in Flöckchen teilen und dazugeben. Alles mit den Händen schnell zu einem krümeligen Teig verkneten.

• Das Ei in einer Rührschüssel mit den Quirlen des Handrührgeräts schaumig schlagen. Buttermilch und die Mehlmischung dazugeben und alles mit einer Gabel mischen.

• Den Teig auf der leicht bemehlten Arbeitsfläche mit den Händen schnell zu einem glatten Teig verkneten. Den Teig zu einer Rolle formen und in zwölf Scheiben schneiden. Jede Scheibe zu einem Brötchen formen.

• Die Teigstücke auf das Blech legen und mit Milch bestreichen. Die Brötchen im Ofen etwa 15 Min. backen. Herausnehmen und auf einem Kuchengitter abkühlen lassen.

Dazu gewürzte Butter mit Oliven oder Kräutern

Tipp **Diese Brötchen sind schnell gemacht, weil die zeitaufwendigen Ruhezeiten, die bei Hefeteig notwendig sind, entfallen. Die Brötchen sollten allerdings möglichst frisch gegessen werden.**

Weizenbrötchen

schmecken am besten frisch

8	**Stück**
	Zubereitungszeit 40 Min.
	Ruhezeiten 2 Std. 45 Min.
Pro Stück	**ca. 175 kcal, E 6 g, F 1 g, KH 36 g**

300 g	Weizen-Vollkornmehl
100 g	Bio-Weizenmehl (Type 550)
1 Päckchen	Trockenhefe
1 TL	brauner Zucker
1 ½ TL	Meersalz
2 TL	Zitronenextrakt (aus der Plastikzitrone)
	Mehl zum Arbeiten

• Beide Mehlsorten, die Trockenhefe und den Zucker in eine Rührschüssel geben und gut vermischen.

• Das Meersalz in 240 ml warmem Wasser auflösen. Den Zitronenextrakt dazugeben und alles zum Mehl gießen. Mit den Knethaken des Handrührgeräts zu einem glatten Teig verkneten. Der Teig muss sich glatt als Kloß vom Schüsselboden lösen und sollte nicht kleben.

• Den Teig nochmals mit den Händen kräftig kneten und zu einer Kugel formen. Mit Mehl bestäuben und mit einem Tuch abgedeckt an einem warmen Ort etwa 2 Std. gehen lassen, bis sich das Teigvolumen verdoppelt hat.

• Den Teig mit den Händen nochmals 5–10 Min. kräftig durchkneten. Den Teig zu acht Brötchen formen und diese auf ein mit Backpapier ausgelegtes Backblech legen. Die Brötchen leicht mit Mehl bestäuben und abgedeckt an einem warmen Ort noch einmal etwa 45 Min. gehen lassen. Den Backofen auf 250° (Umluft 230°, Gas Stufe 6–7) vorheizen.

• Das Blech in den Backofen (untere Schiene) schieben. Ein Glas Wasser auf den Boden des Backofens schütten, um Dampf zu erzeugen (Vorsicht, es spritzt). Die Brötchen 10–12 Min. backen (Garprobe siehe Tipp). Herausnehmen und abkühlen lassen.

Tipp **Zur Garprobe mit dem Finger auf ein Brötchen klopfen. Es ist gar, wenn es einen hohlen Klang gibt.**

Klassiker

Bauernbrot

Warnung: Brotbacken kann süchtig machen. Dieses einfache Rezept ist der beste Beweis dafür.

1	**rundes Brot (etwa 25 Scheiben)**
	Zubereitungszeit 35 Min.
	Ruhezeit 3 Std.
	Backzeit 1 Std.
Pro Scheibe	**ca. 130 kcal, E 4 g, F 0 g, KH 27 g**

600 g	Weizenmehl (Type 405)
350 g	feines Roggen-Vollkornschrot
1 Päckchen	Trockenbackhefe
1 Beutel	Sauerteig (siehe Tipp)
2 EL	Malzextrakt (siehe Tipp)
2 TL	Meersalz
	Mehl zum Bearbeiten

• Beide Mehlsorten und die Trockenbackhefe in eine Schüssel geben und vermischen. Sauerteig, 670 ml lauwarmes Wasser, Malzextrakt und Salz verrühren und zum Mehl geben. Mit den Knethaken des Handrührgerätes zu einem glatten Teig verkneten. Den Teig mit Klarsichtfolie abdecken und an einem warmen Ort etwa 2 Std. gehen lassen, bis sich das Teigvolumen verdoppelt hat (Step 1).

• Den Teig mit den Händen 5–10 Min. kräftig durchkneten (Step 2). Den Teig zu einer Kugel formen und auf ein mit Backpapier ausgelegtes Backblech legen. Leicht mit Mehl bestäuben und abgedeckt an einem warmen Ort noch einmal 1 Std. gehen lassen. Den Backofen auf 200 Grad (Umluft 180 Grad, Gas Stufe 4) vorheizen.

• Die Teigoberfläche mit einem scharfen Messer oder einer Rasierklinge kreuzweise einritzen. Das Brot auf die untere Schiene in den Backofen schieben. Eine Tasse Wasser auf den Boden des Backofens schütten (Vorsicht: es spritzt!).

• Das Brot im Ofen etwa 1 Std. backen. Das fertige Brot sofort mit etwas kaltem Wasser bestreichen (Step 3); das gibt eine schöne Kruste.

Tipps **Sauerteig gibt es im Kühlregal im gut sortierten Supermarkt oder im Reformhaus. Malzextrakt bekommt man im Reformhaus und im Bioladen.**

Kastanienbrötchen

einfach | für Gäste

30	**Stück**
	Zubereitungszeit 30–40 Min.
	Ruhezeiten 1 Std. 10 Min.
	Backzeit 17 Min. pro Blech
Pro Stück	**ca. 55 kcal, E 2 g, F 0 g, KH 12 g**

450 g	Mehl
100 g	Kastanienmehl (im italienischen Supermarkt oder bei einem Feinkostversand im Internet bestellen; ersatzweise gemahlene Walnüsse)
15 g	Salz
25 g	frische Hefe
	Mehl zum Arbeiten

• Die beiden Mehle und das Salz vermischen. Die Hefe in 370 ml lauwarmem Wasser auflösen. Langsam mit den Knethaken des Handrührgeräts unter das Mehl rühren und den Teig etwa 5 Min. kneten. Den Teig abgedeckt an einem warmen Ort etwa 1 Std. gehen lassen, bis sich sein Volumen verdoppelt hat.

• Den Teig auf einer bemehlten Arbeitsfläche mit den Händen kräftig durchkneten und in 30 gleich große Portionen teilen. Jede Portion zu einer Kugel rollen und die Oberseite leicht mit Mehl bestreuen. Die Brötchen mit etwas Abstand auf mit Backpapier ausgelegte Backbleche setzen.

• Mit einer Schere in die Brötchen schneiden, sodass kleine Stacheln entstehen. Die Brötchen nochmals etwa 10 Min. an einem warmen Ort gehen lassen. Den Backofen auf 260° (Umluft 240, Gas Stufe 7) vorheizen.

• Die Brötchen in den Ofen schieben. Etwa 150 ml Wasser auf den Ofenboden gießen und sofort die Ofentüre schließen, damit der entstehende Wasserdampf nicht entweicht. Die Brötchen etwa 7 Min. backen. Sobald sie anfangen zu bräunen, die Ofentüre öffnen, wieder schließen und die Brötchen in etwa 10 Min. braun und fertig backen. Herausnehmen und auf einem Kuchengitter abkühlen lassen. Die Brötchen schmecken frisch am besten.

Dazu würziger Käse und eventuell ein Chutney

Tipp **Die Kastanienbrötchen sehen am besten aus, wenn die Stacheln immer von einer Richtung aus in den Teig geschnitten werden.**

Schüttelbrot

braucht etwas Zeit

20 Stück
Zubereitungszeit 40 Min.
Ruhezeiten 1 Std. 10 Min.
Pro Stück ca. 125 kcal, E 4 g, F 3 g, KH 21 g

250 g	Weizenmehl
250 g	Roggenmehl (Type 1370)
100 g	Roggenschrot (Ausmahlungsgrad: mittel)
1 Würfel	frische Hefe (42 g)
1 TL	Zucker
¼ TL	Salz
⅛ l	Buttermilch
4 EL	Sonnenblumenöl
1	Ei
je ½ TL	Kümmel, grob zerstoßene Korianderkörner, Bockshornklee-, Anis- und Fenchelsamen
	Mehl zum Arbeiten
	Kleie für das Backblech

• Die beiden Mehlsorten und das Roggenschrot in einer Schüssel mischen und in die Mitte eine Vertiefung drücken. Die Hefe fein zerbröckeln und in einer Schüssel in ¼ l lauwarmem Wasser auflösen. Den Zucker darunterrühren.

• Hefewasser in die Mehlmulde rühren. Das Salz auf den Mehlrand geben. Buttermilch, Öl, Ei und Gewürze dazugeben und alles erst mit den Knethaken des Handrührgeräts, dann mit den Händen zu einem glatten Teig verkneten. Den Teig zu einer Kugel formen, mit Mehl bestäuben und abgedeckt an einem warmen Ort etwa 50 Min. gehen lassen.

• Den Teig auf einer leicht bemehlten Arbeitsfläche noch einmal kräftig durchkneten. In 20 Portionen teilen und jede zu einer Kugel formen. Jede auf wenig Mehl zu einem runden, etwa 5 mm dicken Fladen (etwa 15 cm ∅) ausrollen.

• Backbleche mit Kleie bestreuen. Die Fladen darauflegen und die Teigoberfläche mehrmals mit einer Gabel einstechen. Die Fladen noch einmal abgedeckt etwa 20 Min. ruhen lassen. Den Backofen auf 210° (Umluft 190°, Gas Stufe 4–5) vorheizen.

• Die Teigfladen im Ofen etwa 10 Min. backen. Nach dem Backen luftig aufbewahren, damit sie noch nachtrocknen können.

Dazu Tiroler Speck, Meerrettichsahne, Radieschen und Gewürzgurke

Tipp **Schüttelbrot ist eine Tiroler Spezialität und hält sich gut getrocknet in fest verschlossenen Dosen mehrere Wochen.**

Schwedisches Weihnachtsbrot

raffiniert | würzig

3	**Brote**
	Zubereitungszeit 30 Min.
	Ruhezeit 1 Std.
	Backzeit 50–60 Min.
Pro Brot	**ca. 1365 kcal, E 31 g, F 25 g, KH 251 g**

400 g	Roggenmehl
100 g	dunkler Zuckerrohrsirup
75 g	Butter
75 g	frische Hefe (1 ¾ Würfel)
1 EL	gemahlener Anis
1 EL	gemahlener Kümmel
1 EL	gemahlene Fenchelsamen
550 g	Weizenmehl (Type 550)

• Das Roggenmehl in eine große Schüssel geben. ½ l Wasser mit Sirup und Butter aufkochen lassen und über das Roggenmehl gießen. Alles zunächst mit den Knethaken des Handrührgeräts, dann mit den Händen zu einem glatten Teig verkneten.

• Die Hefe zerbröckeln und in 100 ml lauwarmem Wasser auflösen. Hefewasser, Gewürze und Weizenmehl mit den Händen unter den Roggenteig kneten.

• Den Teig in drei gleich große Portionen teilen und zu Brotlaiben formen. Die Brote abgedeckt an einem warmen Ort etwa 1 Std. gehen lassen. Den Backofen auf 180° (Umluft 160°, Gas Stufe 3) vorheizen.

• Die Brote auf ein Backblech legen. Die Oberfläche mit einem Holzspieß oder einer Gabel mehrfach einstechen, mit etwas lauwarmem Wasser bestreichen. Im Ofen 50–60 Min. backen. Die Brote herausnehmen und nach dem Backen nochmals mit Wasser bestreichen.

Dazu Griebenschmalz oder Butter

Tipp **Das Weihnachtsbrot ist etwas Besonderes und eignet sich auch gut als kleines Geschenk aus der eigenen Küche.**

Weizenvollkornbrot

gelingt leicht | braucht Zeit

1	**rundes Brot (etwa 20 Scheiben)**
	Zubereitungszeit 35 Min.
	Ruhezeiten 3 Std.
	Backzeit 55 Min.
Pro Scheibe	**175 kcal, E 5 g, F 4 g, KH 26 g**

375 g	Weizenvollkornmehl
375 g	Weizenvollkornschrot
1 Würfel	Hefe (42 g)
1 TL	Zucker
1 Beutel	flüssiger Natursauerteig (150 g)
2 EL	Sonnenblumenöl
2 TL	Salz
100 g	Sonnenblumenkerne
1 EL	Kreuzkümmelsamen
1 TL	Anissamen
	Mehl zum Arbeiten

• Beide Mehlsorten in einer Schüssel mischen. 400 ml lauwarmes Wasser, Hefe und Zucker verrühren und abgedeckt 15 Min. ruhen lassen. Den Beutel mit Sauerteig für 15 Min. in lauwarmes Wasser legen.

• Öl und Salz zum Mehl geben. Hefewasser und Sauerteig grob dazumischen. Alles auf einer bemehlten Arbeitsfläche 10 Min. lang kneten. Bei Bedarf etwas lauwarme Flüssigkeit bzw. Mehl dazugeben. Den Teig in einer mit Mehl bestäubten Schüssel abgedeckt 1 Std. ruhen lassen.

• Sonnenblumenkerne, Kreuzkümmel und Anis in einer kleinen Pfanne ohne Fett goldbraun rösten. Unter den Teig kneten. Einen Peddigrohrkorb zum Brotbacken mit Mehl bestäuben, den Teig hineingeben und abgedeckt 1 Std. 45 Min. ruhen lassen. Den Backofen auf 230° (Umluft 210°, Gas Stufe 5–6) vorheizen.

• Den Teigling auf ein mit Backpapier belegtes Backblech stürzen. Im Ofen (untere Schiene) 10 Min. backen. Bei 210° (Umluft 190°) in 40–45 Min. fertig backen.

Kartoffelbrot

braucht etwas Zeit

2	**Brote**
	Zubereitungszeit 40 Min.
	Garzeit 25 Min., Ruhezeiten 1 Std. 5 Min.
	Backzeit 22–25 Min. pro Blech
Pro Brot	**ca. 1335 kcal, E 41 g, F 7 g, KH 272 g**

500 g	Kartoffeln
½ Würfel	frische Hefe (21 g)
250 g	Weizenvollkornmehl
500 g	Roggenmehl (Type 1150)
½ Päckchen	getrockneter Sauerteigextrakt (7,5 g; aus dem Reformhaus)
1 EL	Salz
	Mehl zum Arbeiten

- Die Kartoffeln gründlich abbürsten und ungeschält mit Wasser bedeckt etwa 25 Min. kochen. Abgießen, kurz abkühlen lassen und noch heiß pellen.

- Kartoffeln durch die Kartoffelpresse drücken. Hefe zerbröckeln und mit beiden Mehlen und Sauerteig mischen. Kartoffeln, Salz und etwa 330 ml kaltes Wasser dazugeben und alles mit den Händen zu einem festen Teig verkneten. Abgedeckt an einem warmen Ort etwa 45 Min. gehen lassen.

- Den Teig auf einer bemehlten Arbeitsfläche mit den Händen kräftig durchkneten. Teig halbieren und jede Portion zu einer Kugel formen. Auf zwei mit Backpapier ausgelegte Backbleche legen. Über jede Teigkugel etwas Mehl stäuben und jeweils eine große Schüssel darüberstülpen. Nochmal an einem warmen Ort 20 Min. gehen lassen. Backofen auf 240° (Umluft 220°, Gas Stufe 6) vorheizen und eine Tasse mit Wasser auf den Ofenboden stellen.

- Die Schüssel abnehmen und das erste Brot im Ofen (untere Schiene) etwa 10 Min. backen. Die Temperatur dann auf 200° (Umluft 180°, Gas Stufe 4) herunterschalten und das Brot weitere 12–15 Min. backen. Brot herausnehmen und auf einem Kuchengitter abkühlen lassen. Das zweite Brot wie beschrieben backen (siehe Tipp).

Tipps **Bevor das zweite Brot in den Ofen kommt, die Ofentemperatur wieder auf 240° stellen und warten, bis diese Temperatur erreicht ist.**

Die Kombination aus Wasserdampf (Tasse auf dem Backofenboden) und Hitze lässt die Kruste besonders gut gelingen.

Kartoffel-Paprika-Muffins

für Gäste | preiswert

8 Stück
Zubereitungszeit 45 Min.
Backzeit 35–40 Min.
Pro Stück **ca. 145 kcal, E6 g, F 8 g, KH 13 g**

300 g	mehlig kochende Kartoffeln
	Salz
1	Zwiebel
2	rote Paprikaschoten
1	gelbe Paprikaschote
3 Zweige	Thymian
3 Zweige	Oregano
3 Stängel	glatte Petersilie
3 EL	Olivenöl
	frisch gemahlener Pfeffer
2	Eier
40 g	frisch geriebener Parmesan-Käse
50 g	Mehl
1 Msp.	Backpulver

• Die Kartoffeln schälen, waschen und kleine Stücke schneiden. In Salzwasser in etwa 20 Min. weich kochen.

• Inzwischen die Zwiebel abziehen und in Spalten schneiden. Paprikaschoten abspülen, halbieren, entkernen und in etwa 3 cm lange Streifen schneiden. Kräuter waschen, trocken schütteln und fein hacken. Backofen auf 180° (Umluft 160°, Gas Stufe 3) vorheizen. Acht Muffinmulden fetten.

• 50 g Gemüse abwiegen und fein würfeln. 1 TL Öl erhitzen, die Gemüsewürfel darin etwa 2 Min. braten. Mit Salz und Pfeffer würzen.

• Die Eier trennen. Die Kartoffeln mit einer Gabel zerdrücken und mit den Eigelben verrühren. Käse, Mehl, Backpulver, die Hälfte der Kräuter und die Gemüsewürfel unterrühren. Mit Salz und Pfeffer abschmecken.

• Die Eiweiße mit 1 Prise Salz steif schlagen und unter die Masse heben. Die Kartoffelmasse auf die Muffinmulden verteilen. Im Ofen 35–40 Min. backen. Die Gemüsestreifen und die Kräuter im restlichen heißen Öl etwa 5 Min. braten. Das Gemüse auf den Muffins anrichten.

Varianten Gut schmecken auch noch ein paar gekochte Schinkenstreifen oder gehackte Mandeln auf den Muffins.

Ganz besonders raffiniert: die Muffins zum Schluss mit ein paar Tropfen Balsamicocreme oder einem sehr guten Balsamessig beträufeln.

Speck-Gugelhupf

gut vorzubereiten

16 Stücke
Zubereitungszeit 45 Min.
Ruhezeiten 1 Std. 30 Min., Backzeit 1 Std.
Pro Stück ca. 205 kcal, E 7 g, F 10 g, KH 22 g

1 Würfel	frische Hefe (42 g)
½ TL	Zucker
200 ml	lauwarme Milch
75 g	Butter oder Margarine
450 g	Mehl
2 TL	Salz
2	Eier
80 g	Walnusskerne
150 g	geräucherter durchwachsener Speck
	Mehl zum Arbeiten
	Fett und Semmelbrösel für die Form

- Die Hefe mit den Händen fein zerkrümeln. Hefe, Zucker und etwas Milch verrühren und 10 Min. abgedeckt an einem warmen Ort stehen lassen.

- Das Fett schmelzen. Mit Mehl, Salz und Eiern in eine Rührschüssel geben. Hefemilch und die restliche lauwarme Milch dazugeben. Alles erst mit den Knethaken des Handrührgeräts, dann mit den Händen glatt kneten. Den Teig zu einer Kugel formen und mit Mehl bestäuben. Zugedeckt an einem warmen Ort etwa 1 Std. gehen lassen, bis sich sein Volumen verdoppelt hat.

- Die Walnüsse grob hacken. Den Speck in feine Würfel schneiden. Den Teig auf einer leicht bemehlten Arbeitsfläche kräftig durchkneten. Dabei Nüsse und Speck unterkneten. Eine Gugelhupfform (25 cm ∅) fetten und mit Semmelbröseln ausstreuen. Den Teig hineingeben und zugedeckt an einem warmen Ort etwa 20 Min. gehen lassen. Backofen auf 180° (Umluft 160°, Gas Stufe 3) vorheizen.

- Den Gugelhupf im Ofen etwa 1 Std. backen. Kurz abkühlen lassen, aus der Form stürzen und ganz abkühlen lassen.

Tipp **Ein Gugelhupf ist immer ein Hefeteig, der in einer Napfkuchenform (Kranzform mit Loch in der Mitte) gebacken wird. Ein typischer Kuchen aus Süddeutschland, dem Elsass und der Schweiz.**

Osterfladen

raffiniert

4	**Stück**
	Zubereitungszeit 45 Min.
	Ruhezeiten 45 Min., Backzeit 25–30 Min.
Pro Stück	**ca. 1240 kcal, E 30 g, F 45 g, KH 177 g**

1 Würfel	frische Hefe (42 g)
750 g	Mehl (Type 405)
125 g	Zucker
1 TL	Anissamen
2	Kardamomkapseln
1 Päckchen	Vanillezucker
	Salz
300 ml	Milch
150 g	weiche Butter
2	Eier
	Milch zum Bestreichen
	Sesamsamen zum Bestreuen
	rot gefärbte Eier, nach Belieben (siehe Tipp)

- Die Hefe zerbröckeln und mit 1 EL Mehl und 1 TL Zucker mischen. 3–4 EL lauwarmes Wasser hinzufügen und alles zu einem glatten Vorteig verrühren. Etwa 15 Min. gehen lassen, bis die Mischung Blasen wirft.
- Die Gewürze zerstoßen. Mit dem restlichen Mehl, Zucker, Vanillezucker und 1 Prise Salz in einer Schüssel mischen.
- Milch und Butter in Flöckchen in einem Topf erwärmen, bis die Butter geschmolzen ist. Milch und Eier nach und nach unter ständigem Kneten mit den Knethaken des Handrührgeräts (oder in einer Küchenmaschine) zum Mehl geben. Mit den Händen zu einem geschmeidigen Teig verkneten und zu einer Kugel formen. Den Teig abgedeckt an einem warmen Ort etwa 30 Min. gehen lassen, bis er deutlich aufgegangen ist. Den Backofen auf 180° (Umluft 160°, Gas Stufe 3) vorheizen.
- Den Teig in vier Portionen teilen und zu flachen Fladen formen. Eventuell verzieren oder je ½ Eierschale in den Teig drücken (siehe Tipp). Die Teigfladen mit Milch bestreichen und mit Sesam bestreuen. Die Fladen im Ofen in 25–30 Min. hell golden backen.
- Die Fladen auf einem Kuchengitter auskühlen lassen und frisch servieren.

Dazu Butter, Honig oder Konfitüre

Tipp **Damit die Eier im fertigen Osterfladen Halt haben, eine halbe leere Eierschale in den Teig drücken und mitbacken. Nach dem Backen die Schale entfernen und an ihrer Stelle das gefärbte Ei in die Mulde setzen.**

Scones

einfach | schnell

15	**Stück**
	Zubereitungszeit 45 Min.
	Backzeit 15 Min. pro Blech
Pro Stück	**ca. 275 kcal, E 5 g, F 14 g, KH 33 g**

500 g	Mehl
1 Päckchen	Backpulver
1 EL	Zucker
1 TL	Salz
125 g	weiche Butter
2	Eier
250 g	flüssiger Vollmilch-Joghurt
1 EL	Sahne
1	Eigelb
	Mehl zum Arbeiten
250 g	Sahne zum Servieren
150 g	Erdbeer-Konfitüre

- Den Backofen auf 200° (Umluft 180°, Gas Stufe 4) vorheizen. Für den Teig Mehl, Backpulver, Zucker und Salz in eine große Schüssel geben. Die Butter in Flöckchen dazugeben und alles mit den Fingern schnell zu feinen Streuseln verarbeiten.

- Eier und Joghurt mit einem Schneebesen verrühren und zu den Streuseln gießen. Kurz mit einem Löffel verrühren, bis es gerade vermischt ist. Den Teig auf wenig Mehl kurz mit den Händen kneten. Dann mit einem Nudelholz etwa 4 cm dick ausrollen. Aus dem Teig mit einem Ausstecher (5,5 cm ∅) runde Taler ausstechen und auf zwei mit Backpapier ausgelegte Backbleche legen.

- Sahne und Eigelb verrühren und die Scones damit dünn bestreichen. Nacheinander im Ofen etwa 15 Min. backen. Abkühlen lassen.

- Zum Servieren die Sahne steif schlagen und mit der Erdbeer-Konfitüre zu den Scones servieren.

Variante Statt Schlagsahne wird in England, ganz klassisch, Clotted Cream (Sahne mit mindestens 55 % Fett) zu den Scones serviert.

Tipp **Den Teig wirklich nur kurz kneten, sodass die Zutaten sich verbinden. Nur dann bekommt er die typische Krume.**

Hefezopf

braucht etwas Zeit | gut vorzubereiten

30 Scheiben
Zubereitungszeit 40 Min.
Ruhezeiten 12 Std. 5 Min., Backzeit 20–30 Min.
Pro Scheibe **ca. 120 kcal, E 3 g, F 5 g, KH 17 g**

500 g	Mehl (Type 550)
½ Würfel	Hefe (21 g)
75 g	Zucker
125 ml	Milch
75 g	Sultaninen
2	Eier
½ TL	Salz
1 Päckchen	Vanillezucker
100 g	weiche Butter
	Mehl zum Arbeiten
40 g	Butter zum Bestreichen
100 g	Puderzucker
1 EL	Zitronensaft

• Mehl in eine Schüssel geben und eine Mulde hineindrücken. Hefe hineinbröckeln, 1 TL Zucker und 4–5 EL lauwarme Milch dazugeben. Mit etwas Mehl vom Rand mit einer Gabel zu einem dickflüssigen Vorteig verrühren. Mit etwas Mehl bestäuben und abgedeckt an einem warmen Ort etwa 20 Min. gehen lassen, bis der Vorteig blasig aufgegangen ist.

• Sultaninen in einem Sieb mit heißem Wasser gründlich abspülen, dann abtropfen lassen. Restliche lauwarme Milch, Zucker, Eier, Salz, Vanillezucker, Butter und Rosinen zum Vorteig geben. Erst mit den Knethaken des Handrührgeräts, dann mit den Händen zu einem glatten Teig kneten. Abgedeckt an einem warmen Ort etwa 45 Min. gehen lassen, bis sich das Volumen verdoppelt hat.

• Den Teig auf wenig Mehl kurz durchkneten und in drei Portionen teilen. Jede zu einem etwa 60 cm langen Strang rollen. Die Stränge zu einem Zopf flechten, Enden nach unten unterschlagen. Zopf auf ein mit Backpapier ausgelegtes Backblech legen. Abgedeckt nochmal etwa 1 Std. an einem warmen Ort gehen lassen. Backofen auf 200° (Umluft 180°, Gas Stufe 4) vorheizen.

• Die Butter schmelzen. Rosinen, die aus dem Teig herausstehen, absammeln (sie verbrennen beim Backen). Hefezopf mit der Butter bestreichen und im Ofen in 20–30 Min. goldbraun backen.

• Für den Guss Puderzucker, Zitronensaft und 1–2 EL warmes Wasser zu einem glatten Guss verrühren und den Zopf damit bestreichen.

Tipp **Für einen Hefeteig sollten alle Zutaten zimmerwarm sein, dann ist der Teig temperiert und die Hefe kann sich besser entwickeln.**

Pizza & Quiche

Zu Unrecht haben diese beiden Klassiker ein Fast-Food-Image bekommen. Dabei sind sie, wenn sie mit Liebe und guten Zutaten gemacht werden, der beste Beweis dafür, dass die französische und italienische Küche Weltspitze sind.

Gemüsepizza mit Schafkäse

vegetarisch | einfach

4	**Portionen**
	Zubereitungszeit 1 Std.
	Backzeit 15–20 Min. pro Blech
Pro Portion	**ca. 895 kcal, E 28 g, F 50 g, KH 82 g**

2	Zwiebeln
600–800 g	Hokkaido-Kürbis
je 1	rote, grüne und gelbe Paprikaschote
250 g	Aubergine
3–4 Zweige	Rosmarin
5 EL	Olivenöl
6	Knoblauchzehen
1–2 EL	Honig
	Meersalz, frisch gemahlener Pfeffer
250 g	Schafkäse (Feta)
350 g	Mehl
½ Päckchen	Backpulver
	Zucker
100 g	weiche Butter
1	Ei (Größe L)
200 g	Buttermilch
8 EL	saure Sahne
	Mehl zum Arbeiten

• Zwiebeln abziehen und in Ringe schneiden. Kürbis schälen, entkernen und in kleine Spalten schneiden. Paprikaschoten vierteln, putzen, abspülen und kleiner schneiden. Aubergine putzen, abspülen und klein schneiden. Rosmarin abspülen und trocken tupfen. Die Nadeln abstreifen und fein hacken.

• Etwas Öl in einer Pfanne erhitzen, portionsweise das Gemüse mit Knoblauch, Rosmarin, Honig, Salz und Pfeffer anbraten. Herausnehmen und abkühlen lassen.

• Schafkäse abtropfen lassen und grob zerbröckeln. Den Backofen auf 220° (Umluft 200°, Gas Stufe 5) vorheizen.

• Für den Teig Mehl, Backpulver, 1 Prise Zucker und ½ TL Salz in eine große Schüssel geben. Butter in Flöckchen dazugeben und alles mit den Fingern schnell zu feinen Streuseln verarbeiten. Ei und Buttermilch verrühren und dazugießen. Kurz mit einem Löffel verrühren, bis alles gerade vermischt ist.

• Den Teig auf wenig Mehl kurz kneten, halbieren und jede Portion zu einem runden Fladen (25 cm ∅) ausrollen. Die Mitte dünner ausrollen, den Teigrand etwas dicker lassen. Jeden Pizzaboden auf ein mit Backpapier ausgelegtes Backblech legen. Etwas saure Sahne daraufstreichen und das gebratene Gemüse und den Schafkäse darauf verteilen. Die Pizzen im Ofen (untere Schiene) nacheinander 15–20 Min. backen. Herausnehmen und sofort servieren.

Tipp **Zum Essen den Knoblauch aus den Schalen lösen und auf die Pizza geben.**

Kleine Pizzen mit Spargel

vegetarisch | raffiniert | für Gäste

15	**Stück**
	Zubereitungszeit 1 Std.
	Ruhezeiten 1 Std. 15 Min.
	Backzeit 15–20 Min. pro Blech
Pro Stück	**ca. 120 kcal, E 4 g, F 4 g, KH 16 g**

250 g	Mehl
½ Würfel	frische Hefe (21 g)
½ TL	Zucker, Salz
1 ½ EL	Olivenöl
2 EL	Ahornsirup
8 EL	alter Balsamessig
	frisch gemahlener Pfeffer
800 g	Spargel
75 g	passierte Tomaten (Dose)
1 EL	Tomatenmark
200 g	Ziegenkäserolle
2 TL	brauner Zucker
20 g	kalte Butter

• Für den Teig das Mehl in eine Schüssel geben und eine Mulde hineindrücken. Die Hefe in die Mulde bröckeln. 4 EL lauwarmes Wasser und den Zucker dazugeben und alles mit etwas Mehl vom Rand zu einem dickflüssigen Vorteig verrühren. Abgedeckt an einem warmen Ort etwa 20 Min. gehen lassen.

• 1 TL Salz, 1 EL Öl und etwa 100 ml lauwarmes Wasser zum Vorteig geben und alles zunächst mit den Knethaken des Handrührgeräts, dann mit den Händen zu einem glatten Teig verkneten. Den Teig mit dem restlichem Öl bestreichen und an einem warmen Ort 1 Std. gehen lassen.

• Ahornsirup und Essig in einem kleinen Topf mit schwerem Boden verrühren, aufkochen und etwa 5 Min. unter Rühren zu einem Sirup einkochen lassen. Mit Salz und Pfeffer abschmecken.

• Für die Belag Spargel schälen, die Enden abschneiden und die Stangen schräg in Stücke schneiden. In kochendes Salzwasser geben und einmal aufkochen lassen. In ein Sieb gießen, kalt abspülen und gut abtropfen lassen.

• Passierte Tomaten und Tomatenmark verrühren und mit Salz und Pfeffer abschmecken. Backofen auf 220° (Umluft 200°, Gas Stufe 5) vorheizen.

• Hefeteig nochmals kräftig durchkneten, in 15 Portionen teilen und diese zu handtellergroßen Fladen formen. Auf mit Backpapier ausgelegte Backbleche legen und mit Tomatensauce bestreichen. Den Käse in Scheiben schneiden und mit dem Spargel auf die Pizzen legen. Zucker und etwas Pfeffer darüberstreuen und die Butter in Flöckchen darauf verteilen. Im Ofen 15–20 Min. backen. Mit dem Sirup beträufeln und sofort servieren.

Dünne Pizza **mit Salbei**

vegetarisch | schnell | raffiniert

2	**Stück**
	Zubereitungszeit 30 Min.
	Ruhezeit 30 Min.
	Backzeit 12–14 Min. pro Blech
Pro Stück	**ca. 1230 kcal, E 54 g, F 76 g, KH 81 g**

225 g	Mehl
3 EL	Olivenöl
1	Eigelb
½ TL	Salz
2 Kugeln	Büffel-Mozzarella (à 125 g)
100 g	Parmesan-Käse
10–15	Salbeiblätter
8–10 EL	Crème fraîche
	grob gemahlener Pfeffer
	Mehl zum Arbeiten

• Für den Teig Mehl, 2 EL Öl, Eigelb, Salz und 100 ml Wasser zunächst mit den Knethaken des Handrührgeräts, dann mit den Händen zu einem glatten Teig verkneten. Teig zu einer Kugel formen und mit dem restlichen Öl bestreichen. In Frischhaltefolie wickeln und bei Zimmertemperatur 30 Min. ruhen lassen.

• Den Backofen auf 240° (Umluft 220°, Gas Stufe 6) vorheizen. Die Teigkugel halbieren. Jede Teigportion auf einer bemehlten Arbeitsfläche zu einem dünnen Fladen (etwa 26 cm ∅) ausrollen. Jeden Teigfladen auf ein mit Backpapier ausgelegtes Backblech legen.

• Für den Belag Mozzarella gut abtropfen lassen und in dünne Scheiben schneiden. Parmesan grob raspeln. Salbei abspülen, trocken tupfen und die Blätter in grobe Stücke zupfen.

• Die Crème fraîche auf den Fladen verstreichen. Die vorbereiteten Zutaten auf den beiden Fladen verteilen und mit Pfeffer würzen. Die Pizzen nacheinander im Ofen (untere Schiene) 12–14 Min. backen. Die fertigen Pizzen herausnehmen und sofort servieren.

Tipp **Die Pizza geht so schön schnell, weil die zeitaufwendigen Gehzeiten, die ein Hefeteig braucht, wegfallen.**

Klassiker

Pizza margherita

Diese einfache Pizza ist die Basis jeder Pizza. Man kann sie nach Herzenslust zu einer »capricciosa, prosciutto, funghi« etc. ausbauen.

4	**Stück**
	Zubereitungszeit 1 Std.
	Ruhezeiten 2 Std. 20 Min., Backzeit 20 Min. pro Blech
Pro Stück	**ca. 685 kcal, E 32 g, F 41 g, KH 48 g**

250 g	Mehl (Type 550)
½ Würfel	Hefe (21 g)
½ TL	Zucker, Salz
4 ½ EL	Olivenöl
1 kg	Flaschentomaten (oder 400 g Tomaten aus der Dose)
500 g	Mozzarella-Käse
1 Bund	Basilikum
	Mehl zum Arbeiten

• Für den Pizzateig das Mehl in eine Schüssel geben und eine Mulde hineindrücken. Zerbröckelte Hefe, Zucker und 4 EL lauwarmes Wasser in die Mulde geben, leicht verrühren und etwas Mehl vom Rand darübergeben. Abgedeckt an einem warmen Ort etwa 20 Min. gehen lassen (Step 1).

• 1 TL Salz, 1 EL Öl und 120 ml lauwarmes Wasser hinzufügen und alles mit den Knethaken des Handrührgeräts (Step 2) oder in der Küchenmaschine zu einem geschmeidigen Teig verkneten. Teig dann auf einer mit Mehl bestreuten Arbeitsfläche etwa 10 Min. kräftig durchkneten, dabei den Teig auch auf die Arbeitsfläche schlagen und etwas lang ziehen.

• Den Teig zu einer Kugel formen, mit ½ EL Öl bestreichen, in eine Schüssel geben und abgedeckt an einem warmen Ort mindestens 2 Std. gehen lassen, bis sich das Teigvolumen verdoppelt hat (Step 3).

• Den Pizzateig nochmals kräftig kneten und in vier Portionen teilen. Jede Portion auf wenig Mehl zu einem dünnen Fladen ausrollen. Je nach Größe 1–2 Pizzen auf mit Backpapier ausgelegte Backbleche legen. Den Backofen auf 230° (Umluft 210°, Gas Stufe 5–6) vorheizen.

• Die Tomaten abspülen, mit einem Sparschäler schälen oder überbrühen und abziehen. Vierteln und entkernen. Dosentomaten abtropfen lassen. Mozzarella in Scheiben schneiden. Die Pizzen mit Tomaten belegen, salzen und mit je 1 EL Olivenöl beträufeln. Jede Pizza im Ofen etwa 15 Min. backen.

• Pizzen mit Mozzarella belegen und noch 5 Min. backen. Eventuell noch etwas Olivenöl darüberträufeln und mit Basilikumblättchen bestreuen.

1

2

3

Pizza mit Lachs und Wasabi

raffiniert | braucht etwas Zeit

4 Stück
Zubereitungszeit 45 Min.
Ruhezeiten 2 Std. 20 Min.
Backzeit 25 Min. pro Blech
Pro Stück **ca. 450 kcal, E 18 g, F 21 g, KH 47 g**

250 g	Mehl (Type 550)
½ Würfel	Hefe (21 g)
½ TL	Zucker, Salz
1 ½ EL	Olivenöl
150 g	Crème fraîche
1 TL	Zitronensaft
1 TL	Wasabi (japanische scharfe Meerrettichpaste)
	frisch gemahlener Pfeffer
1 Stück	Salatgurke (200 g)
180 g	dünn geschnittener Räucherlachs
3–4 Zweige	Dill
	Mehl zum Arbeiten

• Für den Teig das Mehl in eine Schüssel geben und eine Mulde hineindrücken. Zerbröckelte Hefe, Zucker und 4 EL lauwarmes Wasser in die Mulde geben, leicht verrühren und etwas Mehl vom Rand darübergeben. Abgedeckt an einem warmen Ort etwa 20 Min. gehen lassen.

• 1 TL Salz, 1 EL Öl und 120 ml lauwarmes Wasser hinzufügen und alles mit den Knethaken des Handrührgeräts oder in der Küchenmaschine zu einem geschmeidigen Teig verkneten. Teig dann auf einer mit Mehl bestreuten Arbeitsfläche etwa 10 Min. kräftig durchkneten, dabei den Teig auch auf die Arbeitsfläche schlagen und etwas lang ziehen.

• Den Teig zu einer Kugel formen, mit dem restlichen Öl bestreichen, in eine Schüssel geben und abgedeckt an einem warmen Ort mindestens 2 Std. gehen lassen, bis sich das Teigvolumen verdoppelt hat.

• Den Backofen auf 250° (Umluft 230°, Gas Stufe 6–7) vorheizen. Den Teig nochmals kräftig kneten und in vier Portionen teilen. Jede auf wenig Mehl zu einem Fladen (5 cm ∅) ausrollen. Mit einer Gabel mehrfach einstechen und auf ein mit Backpapier ausgelegtes Backblech legen. 20 Min. gehen lassen.

• Die Pizzen im Ofen etwa 15 Min. backen. Für den Belag Crème fraîche glatt rühren und mit Zitronensaft, Wasabi, Salz und Pfeffer abschmecken. Gurke abspülen, schälen, längs halbieren und entkernen. Das Gurkenfleisch fein würfeln.

• Die fertig gebackenen Pizzen mit der Wasabicreme bestreichen und mit Lachs belegen. Die Gurkenwürfel darüberstreuen und mit Dillzweigen garnieren.

Vollkornpizza mit Radicchio

für Gäste | raffiniert

10	**Stücke**
	Zubereitungszeit 1 Std.
	Ruhezeiten 2 Std.
	Backzeit 14–16 Min.
Pro Stück	**ca. 230 kcal, E 5 g, F 8 g, KH 32 g**

250 g	Vollkornweizenmehl
1 Päckchen	Trockenhefe
1 TL	flüssiger Honig
	Meersalz
3 EL	Öl
250 ml	Balsamessig
125 g	brauner Zucker
1 Zweig	Rosmarin
200 g	Radicchio-Salat
75–100 g	Pancetta in Scheiben (ital. luftgetrockneter Bauchspeck)
125 g	gegarte Maronen (Vakuumpackung oder Dose)
8–10 EL	saure Sahne
	frisch gemahlener Pfeffer
	Mehl zum Arbeiten
	Fett für das Backblech

• Für den Teig das Mehl in eine Schüssel geben. Die Hefe in 150 ml lauwarmem Wasser auflösen und zum Mehl geben. Honig, ½ TL Salz und Öl dazugeben und alles zunächst mit den Knethaken des Handrührgeräts, dann mit den Händen 8–10 Min. kräftig kneten. Teig abgedeckt an einem warmen Ort mindestens 2 Std. gehen lassen, bis sich das Teigvolumen verdoppelt hat.

• Für den Balsamico-Sirup Essig, Zucker und Rosmarin 10–12 Min. einkochen lassen. Sobald die Konsistenz sirupartig ist, den Topf vom Herd nehmen und den Sirup abkühlen lassen.

• Für den Belag Radicchio putzen, abspülen und trocken schleudern. Große Blätter etwas kleiner zupfen. Pancetta halbieren. Die Maronen in dünne Scheiben schneiden. Den Backofen auf 240° (Umluft 220°, Gas Stufe 6) vorheizen.

• Teig nochmals kneten. Auf wenig Mehl zu einem Rechteck (30 × 50 cm) ausrollen. Teig auf ein gefettetes Backblech legen und an den Rändern etwas hochdrücken. Mit saurer Sahne bestreichen und im Ofen 14–16 Min. backen.

• Maronen, Radicchio und Pancetta auf die frisch gebackene Pizza legen. Sirup darüberträufeln, eventuell mit Salz und Pfeffer würzen und sofort servieren.

Variante Das Vollkornweizenmehl kann durch Dinkelmehl ersetzt werden.

Pizza mit Garnelen

etwas teurer | für Gäste

3	**Stück**
	Zubereitungszeit 1 Std.
	Ruhezeiten 2 Std. 40 Min., Backzeit 10–12 Min. pro Blech
Pro Stück	**ca. 635 kcal, E 27 g, F 26 g, KH 73 g**

250 g	Mehl (Type 550)
½ Würfel	Hefe (21 g)
½ TL	Zucker
1 TL	Salz
5 EL	Olivenöl
8–10 EL	Pizzatomaten (aus der Dose)
1	Bio-Zitrone
	Meersalz, frisch gemahlener Pfeffer
8–12	küchenfertige Garnelenschwänze (250 g)
2–4 EL	Walnusskerne
150–200 g	gemischte Salatblätter
1 EL	Senf
1 EL	Ahornsirup (oder Honig)
	Mehl zum Arbeiten

• Das Mehl in eine Schüssel geben und eine Mulde hineindrücken. Zerbröckelte Hefe, Zucker und 4 EL lauwarmes Wasser in die Mulde geben. Mit etwas Mehl vom Rand zu einem dickflüssigen Vorteig verrühren und etwas Mehl vom Rand darüberstäuben. Abgedeckt an einem warmen Ort etwa 20 Min. gehen lassen.

• Salz, 1 EL Öl und etwa 140 ml lauwarmes Wasser dazugeben. Zuerst mit den Knethaken des Handrührgeräts verrühren, dann mit den Händen 5–10 Min. lang kräftig kneten. Teig abgedeckt an einem warmen Ort mindestens 2 Std. gehen lassen, bis sich das Teigvolumen verdoppelt hat.

• Den Teig noch einmal kräftig mit den Händen durchkneten und in drei Portionen teilen. Jede Portion auf wenig Mehl zu einem Fladen ausrollen. Pizzaböden auf mit Backpapier ausgelegte Backbleche legen. Mit den Pizzatomaten bestreichen, etwas salzen und nochmals 20 Min. gehen lassen. Den Backofen auf 250° (Umluft 230°, Gas Stufe 6–7) vorheizen.

• Die Pizzen nacheinander im Ofen (untere Schiene) 10–12 Min. backen. Für den Belag die Zitrone heiß abspülen, trocken tupfen und die Schale fein abreiben. Den Saft auspressen. 1 EL Zitronenschale, Salz und Pfeffer mischen. Garnelen abspülen, trocken tupfen und in der Zitronen-Pfeffer-Mischung wälzen. 2 EL Öl erhitzen und die Garnelen darin 2–3 Min. pro Seite braten.

• Walnüsse grob hacken. Salat abspülen, trocken schütteln und eventuell kleiner zupfen. 1–2 EL Zitronensaft, Senf, Sirup, Salz und Pfeffer verrühren. Das restliche Öl langsam unterschlagen. Salatblätter und -sauce mischen. Die gebackenen Pizzen mit Garnelen, Salat und Walnüssen belegen und sofort servieren.

Elsässer Flammkuchen

einfach | preiswert

2	**Stück**
	Zubereitungszeit 30 Min.
	Ruhezeit 30 Min.
	Backzeit 8–10 Min. pro Blech
Pro Stück	**ca. 970 kcal, E 26 g, F 56 g, KH 87 g**

220 g	Mehl
3 EL	Olivenöl
1	Eigelb
½ TL	Salz
1	kleine Gemüsezwiebel (300 g)
125 g	Frühstücksspeck (Bacon)
100 g	Crème fraîche
	Mehl zum Arbeiten

• Für den Teig Mehl, 2 EL Öl, Eigelb, Salz und 100 ml Wasser zunächst mit den Knethaken des Handrührgeräts, dann mit den Händen zu einem glatten Teig verkneten. Die Teigkugel mit dem restlichen Öl bestreichen, in Frischhaltefolie wickeln und bei Zimmertemperatur 30 Min. ruhen lassen.

• Für den Belag die Zwiebel abziehen und am besten auf der Rohkostreibe in feine Ringe hobeln. Den Speck in feine Streifen schneiden. Den Backofen auf 240° (Umluft 220°, Gas Stufe 6) vorheizen.

• Die Teigkugel halbieren und jede Portion auf einer mit Mehl bestreuten Arbeitsfläche zu einem möglichst dünnen Fladen ausrollen. Die Crème fraîche auf den Fladen verstreichen. Beide Flammkuchen mit Zwiebelringen und Speckstreifen belegen und nacheinander im Ofen 8–10 Min. backen. Sofort servieren.

Dazu ein spritziger gut gekühlter Weißwein

Tipp **Flammkuchen ist eine Spezialität aus dem Elsass und kommt dank der kräftigen Aromen der Zutaten ganz ohne weitere Gewürze aus. Gut auch für Überraschungsbesuch, denn die wenigen Zutaten kann man immer im Haus haben.**

Blätterteigpizza mit Spinat

vegetarisch | einfach

4	**Portionen**
	Zubereitungszeit 30 Min.
	Backzeit 20–25 Min.
Pro Portion	**ca. 395 kcal, E 13 g, F 29 g, KH 20 g**

1 Packung	rechteckiger TK-Blätterteig (225 g)
225 g	TK-Blattspinat
8 EL	passierte Tomaten (aus der Dose)
125 g	Ricotta-Käse
	Salz
125 g	Mozzarella-Käse
	Mehl zum Ausrollen

• Die Blätterteigplatten nebeneinander auf die Arbeitsfläche legen und auftauen lassen. Eventuell mit einem Tuch abdecken, damit der Teig nicht trocken wird. Den Spinat in einem Sieb auftauen lassen. Den Backofen auf 200° (Umluft 180°, Gas Stufe 4) vorheizen.

• Die Blätterteigscheiben übereinanderlegen und auf wenig Mehl zu einem Rechteck (etwa 20 × 25 cm) ausrollen. Den Blätterteig auf ein mit Backpapier ausgelegtes Backblech legen. Mit den passierten Tomaten bestreichen, dabei rundherum einen 1 cm breiten Rand frei lassen.

• Spinat mit den Händen etwas ausdrücken und auseinanderzupfen. Spinat und Ricotta mischen und mit Salz abschmecken. Auf dem Blätterteig verteilen.

• Den Mozzarella in Scheiben schneiden und auf den Spinat legen. Die Pizza im Ofen in 20–25 Min. goldgelb backen. In Stücke schneiden und servieren.

Tipp **Ricotta ist ein italienischer Frischkäse aus Kuh- oder Schafmilch. Er wird durch das Erhitzen von Molke gewonnen, die bei der Käseherstellung quasi als »Abfallprodukt« anfällt. Ricotta hat einen feinen, leicht süßlichen Geschmack und kann zwischen 20 und 75 % Fett i. Tr. enthalten. Wie alle Frischkäse benötigt er keine Reifezeit.**

PIZZA
PIZ
ZA

Türkische Calzone

einfach | schmeckt Kindern

2	**Portionen**
	Zubereitungszeit 20 Min.
	Backzeit 30 Min.
Pro Portion	**ca. 680 kcal, E 37 g, F 38 g, KH 49 g**

230 g	fertiger runder Pizzateig (aus dem Kühlregal)
50 g	schwarze Oliven (ohne Stein)
150 g	fettarmer Schafkäse (Feta)
120 g	weiche Rindersalami
1	rote Paprikaschote

- Den Backofen auf 200° (Umluft 180°, Gas Stufe 4) vorheizen. Den Pizzateig zu einer leicht ovalen Form ziehen und auf ein mit Backpapier ausgelegtes Backblech legen. Die Oliven in Ringe schneiden. Den Schafkäse mit den Händen fein zerbröckeln und die Salami in dünne Scheiben schneiden. Paprikaschote vierteln, entkernen, abspülen und in Würfel schneiden. Oliven, Schafkäse, Salami und Paprika mischen und auf einer Hälfte des Pizzabodens verteilen.
- Den Teigrand mit einem scharfen Messer etwa ½ cm dick rundherum abschneiden. Die freie Teighälfte über die Füllung klappen und die Ränder mit den Zinken einer Gabel gut zusammendrücken. Die Oberfläche der Calzone mit dem abgeschnittenen Teigstreifen verzieren. Die Calzone im Ofen etwa 30 Min. backen.

Dazu Krautsalat und Tsatsiki

Tipps **Der Teig lässt sich leichter ausrollen, wenn die Arbeitsfläche unter dem Backpapier leicht feucht ist. Das Papier verrutscht dann nicht. Die Arbeitsfläche aber nicht zu nass machen, sonst weicht das Papier durch und zerreißt.**

Die Zutaten für die Füllung haben alle ein kräftiges Eigenaroma, sodass Salz oder Pfeffer nicht nötig sind.

Tomatenquiche

vegetarisch | preiswert

4	**Portionen**
	Zubereitungszeit 20 Min.
	Ruhezeit 30 Min.
	Backzeit 35–40 Min.
Pro Portion	**ca. 565 kcal, E 15 g, F 41 g, KH 34 g**

150 g	Mehl
75 g	Butter oder Margarine
3	Eier (S)
	Salz
2	große Fleischtomaten
250 g	Schmand
1 EL	Tomatenmark
	frisch gemahlener Pfeffer
100 g	eingelegte, abgetropfte Schafkäsewürfel (aus dem Glas) oder 100 g Feta-Käse in Würfeln
	Mehl zum Arbeiten
	Fett für die Form

- Für den Teig Mehl, Fett, 1 Ei und 1 Prise Salz mit den Knethaken des Handrührgeräts verkneten. Teig mit den Händen nochmals durchkneten, zu einer Kugel formen und 30 Min. ruhen lassen. Teig auf einer bemehlten Arbeitsfläche ausrollen und eine gefettete rechteckige Form (10 × 24 cm) oder eine runde Form (24 cm ∅) damit auslegen.

- Für den Belag die Tomaten heiß überbrühen und die Haut abziehen. Die Tomaten achteln und entkernen. Den Käse bei Bedarf abtropfen lassen. Den Backofen auf 200° (Umluft 180°, Gas Stufe 4) vorheizen.

- Den Schmand mit Eiern und Tomatenmark gut verrühren und mit Salz und Pfeffer abschmecken. Den Guss gleichmäßig auf dem Teig verteilen und mit Tomatenachteln und Käsewürfeln belegen. Die Quiche im Ofen (untere Schiene) 35–40 Min. backen.

Tipps **Statt Schafkäse gewürfelten Gouda-Käse mitbacken.**

Statt einer großen Quiche 4 kleine Quiches in runden Tartelettförmchen (10 cm ∅) backen. Die brauchen dann nur etwa 30 Min. Backzeit.

Schwarzwurzelquiche

vegetarisch | raffiniert

5	**Portionen**
	Zubereitungszeit 40 Min.
	Gar- und Backzeiten 50 Min.
Pro Portion	**ca. 495 kcal, E 13 g, F 43 g, KH 15g**

200 g	TK-Blätterteig
150 g	TK-Blattspinat
500 g	Schwarzwurzeln
200 ml	Milch
2 EL	Zitronensaft
	Salz
50 g	Parmesan-Käse
300 g	Crème fraîche
3	Eier
	frisch gemahlener Pfeffer
	frisch geriebene Muskatnuss
	Mehl zum Ausrollen
	Hülsenfrüchte zum Vorbacken

• Blätterteig auf der Arbeitsfläche ausbreiten und auftauen lassen. Spinat auftauen lassen. Schwarzwurzeln schälen und abspülen. 200 ml Wasser, Milch, Zitronensaft und Salz aufkochen. Schwarzwurzeln darin etwa 20 Min. kochen.

• Die Wurzeln abgießen, kalt abspülen und schräg in Scheiben schneiden. Spinat mit den Händen gut ausdrücken, etwas zerzupfen und mit den Schwarzwurzeln mischen. Den Parmesan fein reiben und mit Crème fraîche und Eiern verrühren. Spinat und Schwarzwurzeln dazugeben und mit Salz, Pfeffer und Muskat würzen. Den Backofen auf 200° (Umluft 180°, Gas Stufe 4) vorheizen.

• Die Blätterteigscheiben übereinanderlegen und auf wenig Mehl auf die Größe einer Tarte- oder Pieform (26 cm ∅) oder 5 kleiner Formen (8 cm ∅) ausrollen. Den Blätterteig in die Form geben und mit Backpapier auslegen. Die Hülsenfrüchte darauf verteilen und die Böden im Ofen etwa 10 Min. vorbacken.

• Die Hülsenfrüchte und das Papier entfernen und die Gemüsemasse auf den Teig geben. Bei gleicher Temperatur nochmals etwa 20 Min. backen.

Tipp **Beim Schälen der Schwarzwurzeln am besten mit Küchenhandschuhen arbeiten. Ihr Saft klebt sehr stark an den Händen und verfärbt sich an der Luft dunkel. Er lässt sich nur schwer wieder abwaschen.**

Käsetartelettes

vegetarisch | einfach | raffiniert

6	**Stück**
	Zubereitungszeit 40 Min.
	Backzeit 20–25 Min.
Pro Stück	**ca. 375 kcal, E 8 g, F 22 g, KH 37 g**

225 g	TK-Blätterteig
100 g	Blauschimmelkäse
1	rote Zwiebel
1 Stange	Porree
100 g	saure Sahne
2	Eier
	Salz, frisch gemahlener Pfeffer, Zucker
	Zitronensaft
1	Eigelb
1 EL	Milch
½ Bund	Zitronenthymian
150 g	Zucker
100 ml	Gemüsefond
2 TL	weißer Balsamessig
	Mehl zum Ausrollen
	Fett für die Förmchen

• Den Blätterteig unter einem Tuch auftauen lassen. Den Käse mit einer Gabel zerdrücken. Zwiebel abziehen und fein würfeln. Porree putzen, abspülen und in Ringe schneiden (nur das Weiße und Hellgrüne verwenden). Saure Sahne, Eier, Käse und Zwiebelwürfel verrühren und mit Salz, Pfeffer, Zucker und etwas Zitronensaft abschmecken.

• Die Blätterteigscheiben halbieren und auf wenig Mehl etwa 2 mm dünn ausrollen, sodass sie etwas größer als die Förmchen sind. Den Backofen auf 200° (Umluft 180°, Gas Stufe 4) vorheizen. Sechs Tartelettförmchen (8 cm ∅) fetten.

• Je 1 Teigstück in ein Förmchen legen. Überstehende Teigränder abschneiden. Den Teigboden mit einer Gabel mehrmals einstechen. Die Käsemasse auf die Förmchen verteilen und mit den Porreeringen belegen. Eigelb mit Milch verquirlen und auf die Teigränder streichen. Die Tarteletts im Ofen in 20–25 Min. goldgelb backen.

• Inzwischen für den Thymian-Karamell Thymian abspülen, trocken schütteln und die Blättchen abzupfen. Zucker in einer großen Pfanne schmelzen und unter Rühren hellbraun karamellisieren lassen. Den Gemüsefond und 100 ml Wasser dazugießen und kurz aufkochen, bis der Zucker gelöst ist. Thymianblätter und Essig unterrühren. Mit Salz abschmecken und mindestens 10 Min. ziehen lassen. Die Tarteletts aus den Förmchen stürzen und mit etwas Thymian-Karamell beträufeln. Den Rest extra dazu servieren.

Tomatentarte

vegetarisch | für Gäste

12	**Stücke**
	Zubereitungszeit 1 Std.
	Ruhezeit 30 Min.
	Backzeiten 50–60 Min.
Pro Stück	**ca. 170 kcal, E 3 g, F 11 g, KH 14 g**

200 g	Mehl
70 g	kalte Butter
2	Eigelb
2 EL	Joghurt
½ TL	Salz
1 Bund	Thymian
1 Zweig	Rosmarin
1 kg	Kirschtomaten
3	Knoblauchzehen
1	Milchbrötchen
30 g	frisch geriebener Parmesan-Käse
	frisch gemahlener Pfeffer
3 EL	Olivenöl
	getrocknete Hülsenfrüchte zum Vorbacken

• Für den Teig Mehl, Fett, Eigelbe, Joghurt und Salz erst mit den Knethaken des Handrührgeräts, dann mit den Händen zu einem glatten Teig verkneten.

• Thymian und Rosmarin abspülen und trocken tupfen. Blättchen und Nadeln abzupfen, fein hacken und die Hälfte unter den Teig kneten. Den Teig in Klarsichtfolie wickeln, bei Zimmertemperatur 30 Min. ruhen lassen.

• Für den Belag die Tomaten mit kochendem Wasser überbrühen, kalt abspülen und die Haut abziehen. Knoblauch abziehen und hacken. Den Backofen auf 200° (Umluft 180°, Gas Stufe 4) vorheizen.

• Den Teig auf Backpapier mithilfe von Klarsichtfolie dünn ausrollen. Eine Tarteform (28 cm ∅) damit auslegen, dabei einen kleinen Rand formen. Den Teigboden mit einer Gabel mehrmals einstechen, Backpapier darauflegen und mit den Hülsenfrüchten belegen. Im Ofen etwa 20 Min. vorbacken. Hülsenfrüchte und Backpapier entfernen. Den Backofen eingeschaltet lassen.

• Brötchen im Mixer oder auf einer Reibe zu Bröseln verarbeiten. Brösel und Parmesan auf dem Tarteboden verteilen. Tomaten dicht nebeneinander daraufsetzen und mit Salz und Pfeffer würzen. Knoblauch und restliche Kräuter darüberstreuen und mit Olivenöl beträufeln. Die Tartes wieder in den Backofen schieben und 30–40 Min. backen. Heiß oder kalt servieren.

Variante Ein paar schwarze Oliven zwischen die Tomaten streuen.

Gestürzte Kartoffeltarte

vegetarisch | für Gäste

4	**Portionen**
	Zubereitungszeit 25 Min.
	Backzeit 50 Min.
Pro Portion	**ca. 470 kcal, E 10 g, F 28 g, KH 42g**

750 g	mehlig kochende Kartoffeln
200 g	gegarte Maronen (vakuumverpackt; oder aus der Dose)
40–50 g	Pecorino-Käse (ital. Hartkäse aus Schafmilch)
	Salz, frisch gemahlener Pfeffer
30–40 g	Butter
200 g	Sahne oder Crème fraîche
3–4 EL	Portwein
	Zucker
	Fett und eingelegte Weinblätter für die Form

- Die Kartoffeln schälen, abspülen und in dünne Scheiben schneiden oder hobeln. Die Maronen in Scheiben schneiden. Den Backofen auf 200° (Umluft 180°, Gas Stufe 4) vorheizen. Eine Tarteform (28 cm ∅) fetten und mit Weinblättern auslegen, sodass Rand und Boden damit bedeckt sind, die Mitte aber frei bleibt.
- Den Pecorino fein reiben. Maronen- und Kartoffelscheiben in die Form schichten, dabei zwischen jede Lage etwas Pecorino streuen und mit Salz und Pfeffer würzen. Restlichen Käse auf die Tarte streuen und die Butter in Flöckchen daraufsetzen. Im Ofen etwa 50 Min. backen, bis die Oberfläche knusprig braun ist. Herausnehmen und 10 Min. ruhen lassen.
- Eine große Platte auf die Tarteform legen und die Tarte stürzen. Die Sahne halbsteif schlagen, mit Portwein, Salz, Pfeffer und 1 Prise Zucker abschmecken und zur Tarte servieren.

Varianten Die Maronen durch 100 g Walnusshälften und 100 g braune Champignons ersetzen.

Tipp **Die Weinblätter halten die Tarte gut zusammen und sehen hübsch aus. Essen muss man sie nicht unbedingt, weil sie zäh sein können.**

Porree-Tarte mit Ziegenkäse

vegetarisch | einfach

6	**Portionen**
	Zubereitungszeit 40 Min.
Pro Portion	**ca. 690 kcal, E 18 g, F 47 g, KH 49 g**

4 Platten	TK-Blätterteig (à 75 g)
500 g	Porree
	Salz
2 EL	Crème fraîche
3	Eigelbe
	frisch gemahlener Pfeffer
	frisch geriebene Muskatnuss
200 g	Ziegenkäse (z. B. Picandeau oder Ziegen-Brie)
3 Scheiben	Weißbrot vom Vortag
1	Knoblauchzehe
1 EL	weiche Butter
	Mehl zum Arbeiten

• Den Backofen auf 200° (Umluft 180°, Gas Stufe 4) vorheizen. Die Blätterteigplatten nebeneinander auf die Arbeitsfläche legen und auftauen lassen. Eine Tarte- oder Springform (24 cm ∅) mit Backpapier auslegen.

• Die Blätterteigplatten übereinander legen und auf wenig Mehl zu einem Fladen, etwas größer als die Form, ausrollen. Den Blätterteig in die Form legen und mit einer Gabel mehrfach einstechen (siehe Tipp). Im Ofen etwa 10 Min. vorbacken. Dann den Teigboden herausnehmen. Den Ofen eingeschaltet lassen.

• Inzwischen den Porree putzen, unter fließendem kaltem Wasser abspülen und in etwa 2 cm lange Stücke schneiden. Die Porreestücke in etwa 1 l kochendes Salzwasser geben und darin 3 Min. kochen lassen. Porreestücke in ein Sieb abgießen und abkühlen lassen.

• Crème fraîche und Eigelbe verrühren und mit Salz, Pfeffer und Muskat würzen. Den Ziegenkäse in Stücke zupfen oder schneiden und dazugeben.

• Das Brot grob würfeln. Den Knoblauch abziehen und durch die Knoblauchpresse drücken. Butter, zerdrückten Knoblauch, Brotwürfel, Salz und Pfeffer mit den Händen zerkrümeln.

• Die abgetropften Porreestücke und die Eier-Käse-Creme verrühren und auf den Blätterteigboden geben. Mit den Brotkrümeln bestreuen. Die Tarte im Ofen bei gleicher Temperatur etwa 15 Min. backen.

Dazu Mit einer kalten Tomatensauce ein vegetarisches Hauptgericht.

Tipp **Den Teigboden vorm Backen unbedingt mit einer Gabel einstechen, damit der Teig keine Blasen wirft.**

Möhrenquiche mit Kerbel

vegetarisch | raffiniert

8 Stück
Zubereitungszeit 35 Min.
Ruhezeit 30 Min., Backzeit 35–40 Min.
Pro Stück **ca. 320 kcal, E 8 g, F 23 g, KH 20 g**

100 g	Weizen-Vollkornmehl
100 g	Weizenmehl (Type 550)
125 g	kalte Butter
4	Eier
	Salz
500 g	Bundmöhren
100 ml	Milch
150 g	Crème fraîche
	frisch gemahlener Pfeffer
	frisch geriebene Muskatnuss
½ Bund	Kerbel
	Mehl zum Arbeiten
	Fett für die Förmchen
	getrocknete Hülsenfrüchte zum Vorbacken

• Für den Teig beide Mehlsorten, Butter, 1 Ei und ½ TL Salz zunächst mit den Knethaken des Handrührgeräts, dann mit den Händen zu einem glatten Teig verkneten. Wenn der Teig sehr fest ist, eventuell noch 1–2 EL Wasser unterkneten. Teig abgedeckt für 30 Min. kalt stellen.

• Den Backofen auf 200° (Umluft 180°, Gas Stufe 4) vorheizen. 8 Tartelett- oder Springförmchen (10 cm ∅) fetten. Für die Füllung die Möhren schälen und in Stücke schneiden. In wenig Salzwasser etwa 8 Min. kochen. Abtropfen lassen. Milch, Crème fraîche und 3 Eier mit einem Schneebesen verrühren und mit Salz, Pfeffer und Muskat würzen.

• Teig in acht gleich große Portionen teilen, jede auf wenig Mehl rund ausrollen und die Förmchen damit auslegen. Dabei einen etwa 2 cm hohen Rand formen. Den Teig mit einer Gabel mehrmals einstechen, mit Backpapier auslegen und mit Hülsenfrüchten füllen. Im Ofen 12–15 Min. vorbacken. Hülsenfrüchte und Papier entfernen. Tartes eventuell nochmals 5 Min. backen, bis der Teig gar ist. Den Ofen auf 180° (Umluft 160°, Gas Stufe 3) stellen.

• Möhren auf den Teig geben und die Eiersahne darübergießen. Quiches im Ofen etwa 20 Min. backen. Etwas abkühlen lassen. Den Kerbel darauflegen.

Tipp **Das Vorbacken eines Teiges nennt man auch Blindbacken: Ein Teig wird ohne Belag vorgebacken, damit er später darunter gar wird. Dazu beschwert man den Teig mit Hülsenfrüchten, am besten Erbsen oder Kichererbsen. Sie können zum Vorbacken immer wieder verwendet werden.**

Geschmort & gebraten

Wie kriegt man das eigentlich hin: Kochen, Tisch decken, Kinder ins Bett bringen, das kleine Schwarze bügeln, noch mal kurz saugen und dann die Gäste ganz entspannt und ohne hektische Flecken im Ausschnitt empfangen? Ganz einfach: Mit einem Schmorgericht!

Lammhaxen aus dem Tontopf

braucht etwas Zeit | gut vorzubereiten

4 **Portionen**
Zubereitungszeit 30 Min.
Schmorzeit 1 Std. 30 Min.
Pro Portion **ca. 510 kcal, E 32 g, F 37 g, KH 13 g**

4	Lammhaxen (à 400 g)
	Meersalz, frisch gemahlenen Pfeffer
10 Zweige	Thymian
5	Schalotten
7 EL	Traubenkernöl
½ l	Gemüsebrühe
500 g	Kohlrabi
500 g	junge Möhren
je 1 Bund	Kerbel und Petersilie
3 EL	Apfelessig
1–2	TL Zucker
	Kerbelblättchen zum Bestreuen (nach Belieben)

• Den Tontopf wässern (siehe Seite 135). Lammhaxen abspülen, trocken tupfen und mit Salz und Pfeffer einreiben. Thymian abspülen. Schalotten abziehen und halbieren.

• 2 EL Öl in einer Pfanne erhitzen und die Lammhaxen darin rundherum bei starker Hitze anbraten. Haxen in den Tontopf legen, Schalotten, Gemüsebrühe und die Thymianzweige hinzufügen. Tontopf schließen und in den kalten Backofen schieben. Den Backofen auf 200° (Umluft nicht geeignet, Gas Stufe 4) erhitzen. Die Haxen etwa 1 Std. schmoren.

• Kohlrabi schälen, abspülen und in Stücke schneiden. Möhren schälen, abspülen und eventuell längs halbieren.

• Die Thymianzweige aus dem Tontopf entfernen. Die Haxen im Topf wenden. Kohlrabi und Möhren zum Fleisch geben. Topf verschließen, wieder in den Ofen schieben und die Haxen in 30 Min. fertig schmoren.

• Den Topf aus dem Ofen nehmen und etwa 20 Min. geschlossen ruhen lassen. Kräuter abspülen, trocken tupfen und abzupfen. Kräuter, Essig, Zucker und das restliche Öl mit dem Stabmixer fein pürieren und mit Salz abschmecken.

• Die Haxen eventuell kurz vor dem Servieren mit Kerbelblättchen bestreuen. Die Kräutersauce dazu reichen.

Tipps **Den Topf immer in den kalten Ofen schieben, sonst könnte er platzen.**

Gepökelter Krustenbraten

einfach | braucht etwas Zeit

6 Portionen
Zubereitungszeit 30 Min.
Schmorzeit 1 Std. 50 Min.
Pro Portion **ca. 400 kcal, E 53 g, F 18 g, KH 3 g**

1,5–2 kg	gepökelter Schweinebraten ohne Knochen mit Schwarte (siehe Tipp)
	Salz, frisch gemahlener Pfeffer
½ TL	gemahlene Gewürznelken
½ Bund	Majoran
½ Bund	Thymian
¼ l	Brühe
200 g	kleine Zwiebeln
2	Tomaten
⅛ l	trockener Weißwein (oder Brühe mit 1 Spritzer Zitronensaft)
1 TL	Honig
	Soßenbinder nach Belieben

• Den Backofen auf 220° (Umluft 200°, Gas Stufe 5) vorheizen. Die Schwarte des Bratens rautenförmig mit einem sehr scharfen Messer (z. B. einem Teppichmesser) einschneiden. Reichlich Wasser zum Kochen bringen, den Braten hineinlegen und 2 Min. kochen (so wird die Kruste besonders kross). Das Fleisch herausnehmen, trocken tupfen und mit Salz, Pfeffer und Nelken einreiben.

• Das Fleisch mit der Schwarte nach oben in einen Bräter setzen. Majoran, Thymian und die Brühe dazugeben. Im Ofen bei 220° etwa 1 Std. braten.

• Zwiebeln abziehen, größere halbieren. Tomaten mit kochendem Wasser überbrühen, kalt abspülen, häuten und vierteln, dabei die Stielansätze herausschneiden. Zwiebeln, Tomaten und Wein zum Fleisch geben und 40 Min. weiterbraten (eventuell den Braten mit Backpapier abdecken). Honig mit etwas Bratensud verrühren, das Fleisch damit bestreichen und in 10 Min. kross braten.

• Das Fleisch aus dem Bratenfond heben, warm stellen und 15 Min. ruhen lassen. Inzwischen den Fond mit Salz und Pfeffer abschmecken. Den Bratenfond eventuell durch ein Sieb gießen und mit Soßenbinder binden. Das Fleisch aufschneiden und mit der Sauce servieren.

Tipp **Gepökeltes Fleisch ist nicht immer vorrätig, deshalb am besten beim Metzger vorbestellen.**

Klassiker

Spareribs

Entspannung! Hier muss niemand nachdenken, welcher Wein serviert wird. Hier gibt es entweder Bier oder Cola. Noch ein Tipp: Lieber gleich die doppelte Menge einkaufen, von Spareribs bekommt man nie genug.

4 **Portionen**
Zubereitungszeit 50 Min.
Schmorzeit 1 Std. 30 Min.
Pro Portion **ca. 740 kcal, E 36 g, F 22 g, KH 78 g**

1,6 kg	Schälrippe (Spareribs mit dünner Fleischschicht; vom Metzger in Stücke schneiden lassen)
2	mittelgroße Zwiebeln
3	Knoblauchzehen
400 g	Ahornsirup
2 TL	Salz
160 g	Tomaten-Ketchup
6 EL	Weißweinessig
4 TL	scharfer Senf
	frisch gemahlener Pfeffer
	einige Spritzer Worcestersauce

• Den Backofen auf 200° (Umluft 180°, Gas Stufe 4) vorheizen. Die Spareribs abspülen, trocken tupfen und in die Fettpfanne des Backofens legen. 2 EL Wasser darüberträufeln (Step 1). Die Fettpfanne mit Alufolie abdecken (Step 2), dabei die Ränder fest andrücken, damit kein Dampf entweichen kann. Im Ofen etwa 1 Std. 30 Min. garen.

• Für die Barbecue-Sauce nach 1 Std. Schmorzeit Zwiebeln und Knoblauch abziehen und fein würfeln. Alle Saucenzutaten bei kleiner Hitze in 15–20 Min. dicklich einkochen lassen, dabei zwischendurch umrühren.

• Die Ribs mit der Sauce bestreichen (Step 3) und offen in etwa 30 Min. fertig braten. Eventuell in den letzten 5 Min. den Backofen auf die höchste Stufe schalten, damit die Rippchen schön braun werden. Restliche Sauce dazu servieren.

Dazu Coleslaw und Brot oder Pommes frites

Tipps **Die Barbecuesauce eignet sich auch für Chicken Wings oder zum Bestreichen von Hähnchenkeulen aus dem Backofen. Es gibt sie auch fertig zu kaufen.**

Der Fleischanteil von Spareribs ist nicht sehr groß. Mehr Fleisch ist an den dickeren Rippen. Die müssen aber mindestens 2 Std. vorgegart werden.

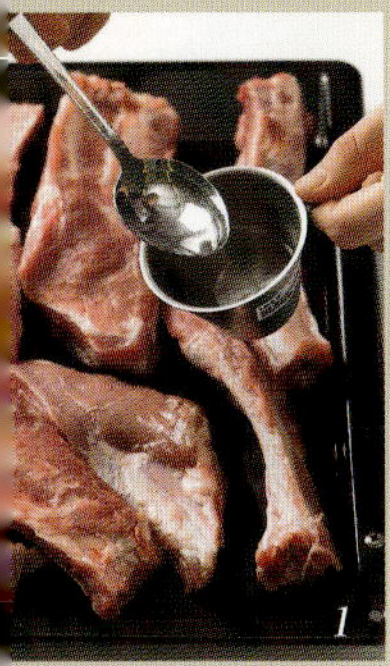
1

2

3

Bœuf à la mode

für Gäste | braucht etwas Zeit

6 Portionen
Zubereitungszeit 40 Min.
Marinierzeit 12 Std.
Schmorzeit 1 Std. 50 Min.
Pro Portion **ca. 410 kcal, E 39 g, F 19 g, KH 9 g**

1 kg	Rindfleisch (aus der Keule)
1	Zwiebel
1	Knoblauchzehe
1 Bund	Suppengrün
½ l	Rotwein
2	Lorbeerblätter
	frisch gemahlener Pfeffer
40 g	Butterschmalz
1 EL	Tomatenmark
	Salz
80 g	Frühstücksspeck (Bacon)
¼ l	Fleischbrühe, bei Bedarf
600 g	weiße Rübchen, Möhren oder Sellerie

• Das Fleisch abspülen, trocken tupfen und in einen großen Gefrierbeutel geben. Die Zwiebel und den Knoblauch abziehen und vierteln. Das Suppengrün putzen, abspülen und in kleine Würfel schneiden. Rotwein, Zwiebel, Knoblauch, Suppengrün, Lorbeerblätter und Pfeffer verrühren und zum Fleisch geben. Den Beutel verschließen und über Nacht im Kühlschrank durchziehen lassen.

• Das Fleisch aus der Marinade nehmen und gut trocken tupfen. Die Marinade aufheben. Das Butterschmalz in einem ofenfesten Schmortopf erhitzen und das Fleisch darin ringsherum kräftig braun anbraten. Das Tomatenmark dazugeben und andünsten. Die Marinade mit dem Gemüse dazugießen, salzen und alles einmal aufkochen lassen.

• Das Fleisch mit den Baconscheiben belegen und alles zugedeckt auf dem Herd bei kleiner Hitze etwa 1 Std. schmoren lassen. Eventuell die Brühe dazugießen.

• Den Backofen auf 180° (Umluft 160°, Gas Stufe 3) vorheizen. Die Rübchen putzen und eventuell in Stücke schneiden. Das Fleisch aus dem Topf heben und den Fond durch ein Sieb gießen. Fleisch, Fond und das Gemüse in den Topf geben und zugedeckt im Ofen etwa 50 Min. schmoren. In den letzten 10 Min. den Deckel abnehmen, damit der Speck knusprig wird.

• Das Fleisch herausheben, in Scheiben schneiden und mit dem Gemüse auf einer tiefen Platte anrichten; warm halten. Die Sauce noch etwas einkochen lassen, mit Salz und Pfeffer abschmecken und über das Fleisch geben.

Marinierte Lammkeule

braucht etwas Zeit | etwas teurer

8	**Portionen**
	Zubereitungszeit 45 Min.
	Marinierzeit mindestens 24 Std.
	Schmorzeit 2 Std. 45 Min.
Pro Portion	**ca. 410 kcal, E 48 g, F 15 g, KH 9 g**

1 Bund	Suppengrün
1	Zwiebel
8	Knoblauchzehen
½ Bund	Thymian
½ l	trockener Rotwein
2	Lorbeerblätter
1	Lammkeule mit Knochen (etwa 2,3 kg)
	Salz, frisch gemahlener Pfeffer
3 EL	Olivenöl
20 g	weiche Butter
15 g	Mehl
3 EL	Johannisbeergelee
2 EL	Crème fraîche

• Suppengrün putzen, abspülen und in Würfel schneiden. Die Zwiebel und 4 Knoblauchzehen abziehen und fein würfeln. Thymian abspülen, trocken schütteln und die Blättchen fein hacken. Alles mit Rotwein, 200 ml Wasser und Lorbeer mischen.

• Die Lammkeule abspülen und trocken tupfen. Lammkeule und Marinade in einen großen Gefrierbeutel geben. Den Beutel fest verschließen und das Fleisch 1–3 Tage marinieren. Dabei gelegentlich wenden, damit die Marinade gleichmäßig durchzieht.

• Den Backofen auf 220° (Umluft 200°, Gas Stufe 5) vorheizen. Die Keule aus der Marinade nehmen, gut trocken tupfen und mit Salz und Pfeffer einreiben. Die Marinade durch ein Sieb gießen. 4 Knoblauchzehen abziehen und die Keule damit spicken (Knoblauchzehen einzeln ins Fleisch stecken).

• Das Öl in einem großen Bräter erhitzen. Die Lammkeule darin rundum braun anbraten. Die Gemüsewürfel von der Marinade dazugeben und ebenfalls anbraten. Den Bräter schließen und die Lammkeule im Ofen etwa 2 Std. schmoren. Alle 30 Min. mit etwas Marinade begießen.

• Die Lammkeule auf den Backofenrost legen und den Ofen auf 150° (Umluft 130°, Gas Stufe 1) herunterschalten. Etwa 45 Min. weiterschmoren.

• Für die Sauce Bratfond in ein Sieb gießen, das Gemüse aufheben und warm halten. Bratfond und restliche Marinade auf etwa 300 ml einkochen lassen. Butter und Mehl verkneten. Johannisbeergelee und Crème fraîche in die Sauce geben. Mehlbutter in Flöckchen einrühren und aufkochen lassen. Braten, Gemüse und Sauce anrichten.

Sesamfisch mit Mangold

einfach | fettarm

2	**Portionen**
	Zubereitungszeit 45 Min., Backzeit 20–25 Min.
Pro Portion	**ca. 350 kcal, E 33 g, F 13 g, KH 17 g**

400 g	Blattmangold
	Salz
1	Limette
300 g	Seelachsfilet
1–2	Knoblauchzehen
1 Stück	Ingwer (etwa 3 cm)
1 Bund	Lauchzwiebeln
1	roter Peperoncino
2 TL	Sesamsamen
2 TL	Rapsöl
3 EL	asiatische Fischsauce
2 TL	geröstetes Sesamöl
	Fett für die Form

• Den Mangold putzen. 4–6 große Mangoldblätter abspülen und in kochendem Salzwasser 30–40 Sek. kochen. Herausnehmen, kalt abspülen und in einem Sieb abtropfen lassen. Restliche Mangoldstiele und -blätter in feine Streifen schneiden. Limette auspressen.

• Das Fischfilet in 4 Stücke schneiden, abspülen, trocken tupfen und mit etwas Limettensaft beträufeln. Backofen auf 180° (Umluft 160°, Gas Stufe 3) vorheizen. Knoblauch und Ingwer schälen und fein hacken. Lauchzwiebeln putzen, längs halbieren und in feine Ringe schneiden. Peperoncino längs halbieren, entkernen und in feine Streifen schneiden (mit Küchenhandschuhen arbeiten).

• Sesamsamen in einer Pfanne ohne Fett rösten, bis sie duften. Herausnehmen. Rapsöl, Ingwer, Knoblauch und Chili in die Pfanne geben und unter Rühren 3 Min. braten. Restlichen Limettensaft, 1 EL Fischsauce, Sesamöl, Lauchzwiebeln und die Mangoldstreifen unterrühren.

• Eine ofenfeste Form dünn fetten, die restliche Fischsauce und 2–3 EL Wasser hineingeben. Mangoldblätter ausbreiten. Das vorbereitete Sesam-Gemüse darauf verteilen und die Mangoldblätter zusammenfalten. Fisch und Gemüsepäckchen abwechselnd in die Form legen. Mit Sesam bestreuen, mit Alufolie abdecken. Im Ofen 20–25 Min. backen.

Dazu Basmati-Reis

Tipp **Fischsauce ist eine Würzsauce aus Garnelen und Fischen, die statt Salz verwendet wird. Es gibt sie als thailändische »Nam pla« oder als mildere »Nuoc mam« aus Vietnam. Greifen Sie zu den helleren Sorten, die sind meist milder und nicht so fischig.**

Lachs mit Knoblauchkruste

einfach | für Gäste

4 Portionen
Zubereitungszeit 40 Min.
Pro Portion **ca. 375 kcal, E 36 g, F 22 g, KH 10 g**

700 g	Lachsfilet mit Haut
	Meersalz, frisch gemahlener Pfeffer
1	frische Knoblauchzwiebel (60 g; siehe Tipp)
1 Bund	Basilikum
1	Bio-Zitrone
50 g	Kartoffelchips
2 EL	Crème fraîche
1	Eigelb

- Den Backofen auf 200° (Umluft 180°, Gas Stufe 4) vorheizen. Den Lachs abspülen, trocken tupfen und mit Salz und Pfeffer würzen.
- Knoblauchenden abschneiden und den Knoblauch ungeschält hacken. Basilikum abspülen, trocken schütteln und die Blättchen in Streifen schneiden. Zitrone heiß abspülen, trocken reiben, die Schale mit einem Zestenreißer abziehen und hacken oder die Schale abreiben.
- Kartoffelchips grob zerdrücken, mit Knoblauch, Basilikum, Zitronenschale, Crème fraîche und Eigelb verrühren. Die Paste auf dem Lachsfilet verteilen und leicht andrücken.
- Den Fisch in einen Bratschlauch geben. Den Beutel nach Packungsangabe verschließen, auf ein Backblech legen und mit einer Gabel Löcher einstechen. Den Fisch im Ofen 15–20 Min. backen.

Dazu Baguette und Salat

Außerdem eine Sahnesauce aus saurer und süßer Sahne zu gleichen Teilen (je 100 g) mit Zitronensaft und fein geschnittenem Basilikum verrühren. Die Zitronensahne mit 1 Prise Zucker und Meersalz abschmecken.

Tipps **Im Bratschlauch bleiben die Zutaten saftig und der Backofen sauber. Dieses Rezept eignet sich fürs Garen im Bratbeutel besonders gut, weil die Knoblaucharomen wunderbar ins Lachsfilet einziehen können.**

Nur ganz frischen Knoblauch nehmen, sonst ist der Knoblauchgeschmack zu penetrant. Wenn es keinen frischen Knoblauch gibt, lieber 60 g Lauchzwiebeln mit 1–2 Knoblauchzehen auf den Lachs streichen.

Fischfilets auf Gemüse

einfach | schnell

4	**Portionen**
	Zubereitungszeit 30 Min.
	Schmorzeit 20–25 Min.
Pro Portion	**ca. 300 kcal, E 28 g, F 15 g, KH 5 g**

3	Möhren
2–3	Zwiebeln
1–2	Knoblauchzehen
2 EL	Olivenöl
60 g	rotes Pesto (aus dem Glas)
200 ml	trockener Weißwein (oder Fischfond mit etwas Zitronensaft)
600 g	Fischfilets mit Haut (z. B. Roter Trommler; siehe Tipp)
	Salz, frisch gemahlener Pfeffer
3	Lorbeerblätter
3 Stängel	glatte Petersilie

• Den Backofen auf 200° (Umluft 180°, Gas Stufe 4) vorheizen. Die Möhren putzen und in etwa fingerlange Stifte schneiden. die Zwiebeln abziehen und in feine Spalten schneiden. Den Knoblauch mit der Schale grob zerdrücken.

• Das Olivenöl in einer großen ofenfesten Pfanne oder einem flachen Bräter erhitzen. Gemüse und Knoblauch darin andünsten. Pesto, Wein und 200 ml Wasser dazugeben, alles gut verrühren und bei kleiner Hitze etwa 5 Min. kochen lassen.

• Inzwischen die Fischfilets abspülen, trocken tupfen und mit Salz und Pfeffer würzen. Filets und Lorbeerblätter in den heißen Gemüsesud legen. Alles zugedeckt im Ofen 20–25 Min. schmoren, bis die Fischfilets gar sind. Das Gemüse mit Salz und Pfeffer würzen.

• Die Petersilie abspülen, trocken schütteln, die Blätter abzupfen und fein hacken. Die Petersilie über den Fisch streuen und servieren.

Dazu Reis oder Baguette

Tipp **Den »Roten Trommler« gibt es im Tiefkühlregal auch in Bio-Qualität. Für das Rezept eignen sich aber auch Pangasius-, Saibling- oder Tilapia-Filets.**

Geflügel-Reis-Topf

einfach | schmeckt Kindern

4 Portionen
Zubereitungszeit 20 Min.
Schmorzeit 40–50 Min.
Pro Portion **ca. 510 kcal, E 38 g, F 15 g, KH 54 g**

50 g	Mandeln
2	Hähnchenbrustfilets (à 250 g)
je 1	rote und gelbe Paprikaschote (à 180 g)
1	Zwiebel
2	Knoblauchzehen
250 g	Risotto-Reis
50 g	entsteine schwarze Oliven
3	Lorbeerblätter
¾ l	Hühnerbrühe
1 EL	Olivenöl
	Salz, frisch gemahlener Pfeffer
½ Bund	glatte Petersilie
1	Bio-Zitrone

• Den Backofen auf 180° (Umluft 160°, Gas Stufe 3) vorheizen. Die Mandeln mit kochendem Wasser übergießen, kurz ziehen lassen und abgießen. Mandeln aus den Häuten drücken. Hähnchenbrustfilets abspülen, trocken tupfen und in Stücke schneiden. Paprikaschoten vierteln, Kerne und Trennwände entfernen. Die Viertel abspülen und halbieren. Zwiebel abziehen und würfeln. Knoblauch abziehen und in Scheiben schneiden.

• Den Reis abspülen. Mit Paprika, Zwiebel, Knoblauch, abgetropften Oliven, Mandeln, Lorbeerblättern und Hähnchenbrust in eine ofenfeste Form geben. Die Hühnerbrühe aufkochen, Olivenöl dazugeben und mit Salz und Pfeffer kräftig würzen. Brühe in die Form gießen. Alles offen im Ofen 40–50 Min. garen.

• Die Petersilie abspülen, trocken schütteln und die Blättchen in feine Streifen schneiden. Den Reis mit zwei Gabeln auflockern und mit der Petersilie bestreuen. Die Zitrone heiß abspülen, in Spalten schneiden und zum Reistopf anrichten. Zum Essen den Zitronensaft darüberträufeln.

Tipp **Die Garzeit hängt von der Reisqualität ab. Den Reis nach 40 Min. probieren. Wenn er noch sehr fest ist, die Form eventuell abdecken, weil sonst das Fleisch zu trocken wird. Eventuell noch etwas heiße Brühe dazugießen.**

Gefüllter Sellerie

preiswert | braucht etwas Zeit

6 Portionen
Zubereitungszeit 1 Stunde
Pro Portion **ca. 615 kcal, E 25 g, F 47 g, KH 22 g**

3	mittelgroße Sellerieknollen (à 600 g)
2 Zweige	Rosmarin
500 g	Sahne
1,2 l	Gemüsebrühe
1	Zwiebel
1	Knoblauchzehe
2 EL	Olivenöl
500 g	gemischtes Hackfleisch
1 EL	Tomatenmark
2 Dosen	geschälte Tomaten (à 400 g)
1 EL	gemischte italienische Kräuter
	Meersalz, frisch gemahlener Pfeffer
½ TL	Zucker
350 g	Kartoffeln
25 g	Butter
1 Bund	Suppengemüse

• Sellerie schälen, abspülen und halbieren. Mit einem Kugelausstecher bis auf einen etwa 1 cm dicken Rand aushöhlen. Das Fruchtfleisch aufheben. Den Rosmarin abspülen. Sahne und Brühe mit Rosmarin aufkochen. Sellerie darin zugedeckt etwa 12 Min. kochen. Herausheben und abkühlen lassen. Den Sud auf etwa 800 ml einkochen lassen. Rosmarin entfernen.

• Inzwischen Zwiebel und Knoblauch abziehen und hacken. Das Öl erhitzen, Zwiebel und Knoblauch darin andünsten. Das Hackfleisch dazugeben und anbraten. Tomatenmark unterrühren und mitbraten.

• Dosentomaten etwas kleiner schneiden. Mit dem Saft und den Kräutern zum Fleisch geben. Mit Salz, Pfeffer und Zucker würzen. Offen bei mittlerer Hitze etwa 20 Min. kochen. Backofen auf 200° (Umluft 180°, Gas Stufe 4) vorheizen.

• Während das Hackfleisch gart, Kartoffeln schälen, abspülen und würfeln. Kartoffeln, 350 g Selleriefleisch in 350–500 ml Sahnesud bei mittlerer Hitze etwa 10 Min. kochen. Suppengrün putzen, abspülen und in kleine Würfel schneiden.

• Kartoffeln abgießen und den Sud auffangen. Kartoffeln mit 75 ml Sud und 15 g Butter zu Püree stampfen. Mit Salz und Pfeffer abschmecken. Das Suppengrün im restlichen Sahnesud etwa 10 Min. kochen.

• Selleriehälften mit Hackfleisch füllen. Etwas Püree daraufsetzen. (Restliches Püree warm stellen.) Die übrige Butter als Flöckchen darauf verteilen. Die Gemüsesauce in eine Auflaufform geben und die gefüllten Sellerieknollen hineinlegen. Im Ofen etwa 20 Min. backen, bis die Kartoffelhaube goldbraun ist. Das Püree dazu servieren.

Geschmortes Gemüse mit Feta

vegetarisch | gut vorzubereiten

4 Portionen
Zubereitungszeit 30 Min.
Schmorzeit 1 Std. 30 Min.
Pro Portion **ca. 440 kcal, E 14 g, F 26 g, KH 37 g**

600 g	kleine mehlig kochende Kartoffeln
400 g	rote Zwiebeln
2	grüne Chilischoten
3	Knoblauchzehen
1 Dose	geschälte Tomaten (800 g)
1 Dose	Kichererbsen (400 g)
	Salz, frisch gemahlener Pfeffer
½ TL	Kreuzkümmel
4 EL	Olivenöl
100 g	Feta-Käse
1	Tomate
1	Limette
1	Avocado (200 g)
½ Bund	Koriandergrün

• Den Backofen auf 180° (Umluft 160°, Gas Stufe 3) vorheizen. Die Kartoffeln schälen, abspülen und vierteln. Die Zwiebeln abziehen und in Spalten schneiden. Chilis abspülen und mit Kernen in Ringe schneiden (mit Küchenhandschuhen arbeiten). Knoblauch abziehen und würfeln. Tomaten in ein Sieb gießen und abtropfen lassen (Saft auffangen). Die Tomaten halbieren. Die Kichererbsen abtropfen lassen.

• Alle vorbereiteten Zutaten, die Tomaten mit dem Saft und die Kichererbsen in einen Bräter geben. Mit Salz, Pfeffer und Kreuzkümmel würzen. Das Olivenöl darüberträufeln. Im Ofen etwa 1 Std. 30 Min. schmoren.

• Den Feta mit einer Gabel grob zerdrücken. Tomate abspülen, vierteln, entkernen und würfeln. Limette auspressen. Avocado halbieren, entsteinen, schälen und würfeln. Avocadowürfel mit dem Limettensaft beträufeln. Koriander abspülen, trocken schütteln und die Blättchen hacken. Mit Tomate und Avocado mischen.

• Zum Servieren das Gemüse mit Feta-Käse bestreuen und den Avocadosalat extra dazu servieren.

Dazu Fladenbrot

Marinierte Kirschtomaten

vegetarisch | einfach | für Gäste

6	**Portionen**
	Zubereitungszeit 35 Min.
Pro Portion	**ca. 100 kcal, E 2 g, F 7 g, KH 7 g**

1 kg	Kirschtomaten
4–6 EL	Olivenöl
1–2 EL	brauner Rohrzucker
2–3 EL	Balsamessig
	Meersalz, frisch gemahlener Pfeffer
2 Zweige	Rosmarin

- Den Backofen auf 200° (Umluft 180°, Gas Stufe 4) vorheizen. Die Tomaten abspülen, trocken tupfen und halbieren. Auf ein Backblech geben und mit Olivenöl, Zucker, Essig, Meersalz und Pfeffer würzen.
- Den Rosmarin abspülen, trocken schütteln und die Nadeln von 1 ½ Zweigen abstreifen und fein hacken. Gehackten Rosmarin über die Tomaten streuen und alles gut mischen. Die Tomaten im Ofen etwa 20 Min. rösten.
- Die Tomaten aus dem Ofen nehmen, mit dem restlichen Rosmarinzweig garnieren und warm oder kalt servieren.

Tipps **Die Kirschtomaten schmecken als Antipasto mit Ciabatta; statt frischer Tomaten zu Mozzarella; statt Tomatensauce auf Pasta; als Belag auf Pizza oder Bruschetta.**

Die heißen Tomaten randvoll in ein Schraubdeckelglas geben, sofort verschließen. So halten sie sich etwa 2 Wochen im Kühlschrank.

Schichtgemüse

schmeckt Kindern | preiswert

3	**Portionen**
	Zubereitungszeit 15 Min.
	Schmorzeit 45 Min.
Pro Portion	**ca. 400 kcal, E 16 g, F 19 g, KH 39 g**

400 g	kleine Kartoffeln (z. B. Drillinge)
2	kleine Zucchini
½ Bund	Möhren (oder 5 dünne Möhren)
2 EL	Olivenöl
200 g	kleine Rostbratwürstchen
je 1 Zweig	Thymian und Rosmarin (oder 1 EL Trockenkräuter)
	Salz, frisch gemahlener Pfeffer
	Öl für die Form
150 g	Tomaten-Ketchup zum Dippen nach Belieben

• Den Backofen auf 200° (Umluft 180°, Gas Stufe 4) vorheizen. Die Kartoffeln gründlich waschen und je nach Größe halbieren oder vierteln. Die Zucchini abspülen und in dickere Scheiben schneiden. Die Möhren schälen oder schrubben und in schräge Scheiben schneiden.

• Eine große Auflaufform oder die Fettpfanne des Backofens einölen und die Kartoffeln und die Möhren daraufschichten. Die Rostbratwürstchen halbieren und dazwischen legen. Thymian und Rosmarin abspülen und trocken schütteln. Die Blättchen bzw. Nadeln abzupfen und hacken.

• Das Schichtgemüse mit den Kräutern bestreuen und mit Salz und Pfeffer würzen. Im Ofen etwa 45 Min. braten, bis das Gemüse gar ist.
Mit dem Ketchup, nach Belieben, servieren.

Tipps **Vegetarisch wird's, wenn statt Rostbratwürstchen Mozzarellawürfel auf das Gemüse kommen. Und noch ein paar Mandelstifte oder Pinienkerne?**

Statt Ketchup passt auch gut Kräuterquark zum Dippen.

Das große Plus: Aus dem Backofen

So ein Backofen ist eine unendlich praktische Sache. Die Gerichte lassen sich gut vorbereiten, brauchen beim Garen wenig Aufmerksamkeit und duften verführerisch. Für gutes Gelingen hier noch einige wichtige Tipps:
Alle Backöfen, ob neu oder alt, sind verschieden. Sie heizen unterschiedlich schnell vor und die eingestellte Temperatur stimmt nicht immer mit der tatsächlich erreichten überein. Das ist leicht mit einem Backofenthermometer (Fachhandel) zu Überprüfen. Die Temperaturen bzw. Backzeiten in diesem Buch sind deshalb Richtwerte, die nach oben oder unten korrigiert werden können. Machen Sie sich mit Ihrem Ofen vertraut und passen Sie Zeiten und Temperaturen entsprechend an.

Backofen Temperaturen

Ober-Unterhitze	Umluft	Gas
150°	130°	1
160°	140°	2
180°	160°	3
200°	180°	4
220°	200°	5
240°	220°	6
260°	240°	7
280°	260°	8

Wohin im Ofen?

Als Grundregel gilt: Braten, Kuchen und Co. sollten sich immer in der Mitte des Backofens befinden, dann kann die warme Luft am besten zirkulieren. Eine Gans wird daher auf die untere Einschubleiste geschoben (damit die Gans dann in der Mitte steht), ein flacher Kuchen in die Mitte. Ausnahmen: zum Grillen das Blech oben möglichst dicht unter die Grillstäbe schieben. Ein dick belegter Pizzateig hingegen wird weit unten im Ofen und mit Unterhitze besser gar.
Wenn Sie den Ofen zu voll beladen, sinkt die Hitze vorübergehend ab. Wer mehrere Bleche gleichzeitig backen möchte, sollte die Hitze erhöhen und die Bleche kurz nacheinander in den Ofen schieben, damit die Temperatur gleich bleibt. Die Hitze dann wieder nach Rezept einstellen. Eventuell die Bleche hin und her tauschen, dann werden Ober- und Unterseiten gleichmäßig gar und appetitlich braun.

Die richtige Form

Aufläufe basieren auf einer schaumigen oder lockeren Ei-Masse, die beim Backen hochsteigt. Sie verbindet die häufig rohen Zutaten miteinander. Außerdem wird meist in mehreren Lagen geschichtet. Deshalb hat ein Auflauf immer eine längere Garzeit. Er braucht eine hohe, ofenfeste Form (Bild 1), die man nicht bis oben füllt, damit der Auflauf aufgehen kann.

Gratins gelingen am besten in großen flachen Formen mit niedrigem Rand. Meist sind die Zutaten schon vorgegart und bekommen eine Sahne- oder Käsehaube, die noch relativ kurz überbacken (gratiniert) wird. (Ausnahme ist das Kartoffelgratin, bei dem die rohen Kartoffeln natürlich eine lange Garzeit brauchen). Eine große Oberfläche erlaubt eine schöne Kruste. Auch ofenfeste Pfannen, in denen man vorher die Zutaten angebraten hat, kann man zum Gratinieren in den Ofen schieben.

Für **Pizza, Quiche und Tarte** sind alle flachen Formen (Bild 2, Seite 135) mit einem kleinen Rand geeignet: Backbleche, Spring- oder Tarteformen. Die gibt es in gut sortierten Haushaltswarengeschäften in immer vielfältigeren Formen und Größen: rund, quadratisch, eckig und kleine Förmchen für Tartelettes. Besonders praktisch sind die mit herausnehmbarem Boden. Für die Pizza gibt es spezielle Pizzableche. Darin wird der Boden besonders knusprig.

1

Der **Tontopf**, auch Römertopf, muss vor dem Benutzen mit klarem Wasser gefüllt werden und mindestens 30 Min. stehen. Der Ton saugt sich voll und gibt beim Braten Feuchtigkeit ab. So bleibt das Fleisch besonders saftig. Den Topf immer in den kalten Backofen stellen und dann aufheizen. Sonst springt der Topf. Zum Bräunen während der letzten 20 Min. den Deckel abnehmen.

Alufolie, Pergament und Bratschlauch

Fleisch, Fisch und Gemüse garen in Folie schonend im eigenen Saft. Doch nicht alle Folien eignen sich gleich gut.

Alufolie verträgt viel Hitze, 230° sind kein Problem. Normale Alufolie ist recht dünn, sie sollte zum Einpacken doppelt gelegt werden. Dicker ist Grill-Alufolie, hier reicht die einfache Lage. Welche Seite nach innen oder außen zeigt, ist egal. Bei einer speziell beschichteten Alufolie, z. B. einer Backalufolie, muss die matte, beschichtete Seite innen liegen. Die genaue Anleitung steht immer auf der Verpackung. Grill-Alufolie hat eine schwarze Seite, die Hitze besser leiten soll – hier muss schwarz nach außen.
Vorsicht ist bei Alufolie geboten, wenn feuchte, salz- oder säurehaltige Lebensmittel und andere Metalle gleichzeitig zusammenkommen. Die Auflaufform aus Metall mit Tomaten darin also nicht eng mit Alufolie abdecken und lange stehen lassen.

2

Sehr schick ist das Garen in **Pergamentpapier**. (Fachlich richtig heißt das Butterbrotpapier.) Es sollten nur kleine Portionen mit recht kurzer Garzeit darin eingeschlagen werden, sonst könnte das Papier durchweichen und zerreißen. Wenn Pergament zu heiß wird, kann es Feuer fangen, also auf keinen Fall dicht an die Grillstäbe legen und besser nicht über 180° erhitzen. Auf jeden Fall beim Garen in der Nähe bleiben! **Backpapier** ist eine gute Alternative; es ist auch etwas beschichtet und damit stabiler.

Super für große Braten und große Mengen ist der **Bratschlauch**. Einfach in der gewünschten Länge von der Rolle schneiden, eine Seite zubinden, füllen, die andere Seite zubinden, auf ein kaltes Blech legen, oben einschneiden und ab in den Ofen. Toll: Im Bratschlauch wird z. B. ein ganzes Hähnchen wunderbar saftig und gleichzeitig auch knusprig braun – und der Ofen bleibt sauber! Auch prima für Spargel: einfach in dicken Bündeln hineinlegen, etwas Flüssigkeit hinzugeben und garen. Alles ist gleichzeitig fertig und nichts verwässert.

Pizza – besonders knusprig

Der **Pizzastein** ist ein absolutes MUSS für alle Fans von Pizza, Flammkuchen und sogar süßen Hefeteilchen, denn er macht jeden Backofen zum Steinbackofen. Das Prinzip ist einfach: den Stein auf den Rost legen, den Ofen etwa 45 Min. auf höchster Stufe vorheizen. In der Zeit den Teig vorbereiten, hauchdünn ausrollen und belegen. Mit dem großen Holzspatel die Pizza auf den Stein geben; nach 5–8 Min. ist sie fertig. Pizzasteine gibt es ab ca. 30 Euro im Fachhandel, im Internet und sogar beim Steinmetz – dort nur ohne Holzspatel, der jedoch zum Bewegen der Pizza unbedingt nötig ist.

Pizzasteine kann man bei Internetversendern bestellen. Sie kosten etwa 35 €.

Der Teig ist schon fertig!

Immer mehr Teige gibt es fertig zu kaufen – superpraktisch, wenn es schnell gehen soll.

Frühlingsrollenteig wird aus Mehl, Wasser und Öl hergestellt und tiefgefroren in verschiedenen Größen im Asialaden angeboten. Er schmeckt gefüllt und frittiert am besten, lässt sich aber auch zum Einwickeln

von Fisch oder Gemüse verwenden und im Backofen knusprig backen. Dafür sollte der Teig mit Öl bestrichen und sofort gebacken werden, sonst weicht er schnell durch.

Pizzateig bekommt man als trockene Backmischung oder fertig ausgerollt im Kühlregal.

Strudelteig wird aus Mehl, Wasser und Fett hergestellt und eignet sich am besten zum Backen. Fertigen Strudelteig gibt es im Kühlregal oder tiefgefroren.

Yufka, Filo und Brick sind zwar nicht ganz gleich, aber ähnlich. Sie bestehen aus Mehl, Salz und Wasser und sind rund, dreieckig oder rechteckig. In ihren Herkunftsländern Türkei, Griechenland und Nordafrika gibt es die hauchdünnen Blätter auf dem Markt, bei uns findet man sie eingeschweißt im Kühlregal von türkischen oder arabischen Lebensmittelgeschäften. Die einzelnen Lagen des Teiges beim Verarbeiten mit flüssiger Butter bestreichen, dann werden sie beim Backen schön knusprig.

Blätterteig gibt es tiefgekühlt in Platten oder fertig ausgerollt aus dem Kühlregal, rund oder rechteckig. Bleche und Formen, auf denen der Blätterteig gebacken werden soll, mit kaltem Wasser abspülen (nicht abtrocknen) oder mit Backpapier belegen. Blätterteigreste niemals kneten, sondern aufeinanderlegen und wieder ausrollen. Sonst werden die Schichten zerstört.

Käse zum Überbacken

Goldbraun, saftig und knusprig sollte alles Überbackene sein. Aber: Nicht alle Käsesorten eignen sich gleich gut. Abhängig vom Verhältnis Wassergehalt zu Trockenmasse schmelzen die Käse ganz unterschiedlich. Manche zerlaufen sehr stark, andere behalten ihre Form, manche Sorten ziehen lange Fäden, andere nicht.

Hartkäse (alle Bergkäse, Parmesan und Pecorino) lassen sich gut reiben und schmecken sehr intensiv. Sie schmelzen langsamer und ziehen fast keine Fäden. Nur Parmesan gibt eine recht krümelige Konsistenz. Er ist also zum Überbacken eigentlich nicht geeignet. Wer aber auf seinen besonderen Geschmack Wert legt, sollte ihn mit anderem Käse kombinieren.

Mittelfeste Sorten eignen sich meist gut: Fein gerieben schmelzen Emmentaler, Gouda, Cheddar und Trappistenkäse besonders gleichmäßig und geben einen schönen Geschmack.

Käse mit geringem Fettgehalt (unter 30 %) schmilzt zwar, bekommt aber eine gummiartige Konsistenz. Es gibt auch fettarme Käse zum Überbacken, sie sind meist aus Schmelzkäsen gemacht.

1 Hartkäse: Greyerzer, Emmentaler, Bergkäse
2 Milde Schnittkäse: Gouda, Edamer, Leerdamer
3 Mozzarella

1

Sehr feuchte Käsesorten wie **Weichkäse** (Camembert, Brie) schmelzen schnell, oft trennt sich jedoch dabei das Fett ab. Sie sind zum Überbacken nur mäßig geeignet. Andere Sorten werden dagegen häufig verwendet: Ohne Mozzarella ist eine Pizza nicht vorstellbar; Blauschimmelkäse gibt einen intensiven Geschmack und Ricotta passt gut in Aufläufe.

Sehr gut zum Schmelzen eignen sich **Schmelzkäse**, sie bilden eine dünne Haut auf der Oberfläche, das Innere wird schön weich. Hergestellt wird Schmelzkäse aus verschiedenen Käsesorten, sortenrein oder gemischt, die mit Schmelzsalzen und Wasser zusammengeschmolzen und dann neu geformt werden. Gut geeignet sind z. B. die Scheiben für Toast oder die Ecken für Käsesaucen.

2

3

Welches Fleisch zum Schmoren?

Schmoren ist eine Mischung aus braten und kochen. Mit dieser Methode gelingen größere Fleischstücke und Braten besonders gut. Beim Schmoren werden die Bindegewebsfasern aus dem Fleisch weich, es entsteht der typische Geschmack durch die ausgetretene Gelatine. Je länger und sanfter ein Fleisch gegart wird, umso zarter ist das Ergebnis. Gut zum Schmoren eignen sich fast alle durchwachsenen Stücke, z. B. aus den Unterkeulen, aus dem Nacken oder auch Reststücke von den Keulen, die gerne klein geschnitten als Gulasch oder Frikassee angeboten werden.

Das Fleisch muss erst kräftig angebraten werden, damit sich die Poren schließen und kein Fleischsaft austritt – sonst wird es zäh. Die Röststoffe vom Anbraten sorgen für extra viel Geschmack. Nach dem Anbraten wird Flüssigkeit zugegeben, Wein, Wasser oder Brühe, außerdem weitere Aromaten wie Gemüse oder Gewürze. Das Fleisch sollte zu etwa einem Drittel in der Flüssigkeit liegen – in mehr Flüssigkeit kocht es, bei weniger kann sich nicht genug Dampf zum Garen bilden. Das Fleisch gart dann bei kleiner Hitze langsam und schonend. Wichtig ist eine recht gleichmäßige Temperatur, das geht im Backofen gut. Ein Schmortopf aus Gusseisen hält die Hitze schön lange und konstant, außerdem schließt der Deckel sehr gut, sodass kein Dampf entweichen kann. Man kann auch alles auf ein Backblech legen und im Ofen garen, das Fleisch bleibt dann jedoch oft etwas fester, da nicht so viel Dampf entsteht.

Brot backen

Brot selbst zu backen ist wieder »in«. Generell wird zwischen zwei Methoden unterschieden: Brote auf Hefebasis, meist aus Weizenmehl, wie Baguette, Weißbrot und Brötchen, und herzhaftere Brote auf Basis von Sauerteig wie Roggenbrot, Körnerbrot und Vollkornbrot.

Die meisten Hefeteige sind mittelfest und werden zu Brötchen, Baguettes oder Laiben geformt und dann gebacken. Sauerteige sind weicher und werden daher fast immer in Formen gebacken, in einer Kastenform oder in Brotbackkörben. Auch im Römertopf kann man Brot backen, er muss jedoch vorher gut gewässert und gefettet werden.

Brote bekommen eine schöne Kruste, wenn sie beim Backen »beschwadet« werden, also genug Feuchtigkeit bekommen. Wer einen Dampfbackofen hat, kann diese Funktion meist zuschalten, sonst tut es auch eine Tasse Wasser, die auf den Ofenboden gestellt oder geschüttet wird, wenn das Brot in den Ofen kommt. Beim Schütten entsteht sehr schnell sehr viel Dampf, der die Krume schön elastisch hält, und die Hitze erhöht sich, wie beim Aufguss in der Sauna. Das führt zu einer schnellen Krustenbildung. Diese ist gewollt, denn durch die geschlossene Kruste kann das beim Backen entstehende Kohlendioxid nicht entweichen – es bilden sich also viele kleine Luftbläschen im Teig, das Brot wird schön locker. Aus diesem Grund werden viele Brote auch mit einer hohen Anfangshitze gebacken und dann nach 10–15 Min. bei mittlerer Hitze weitergebacken, bis sie fertig sind. Das zu erkennen ist einfach: Durchgebackenes Brot klingt beim

Die Brotbackkörbe aus Peddigrohr geben dem selbst gebackenen Brot eine typische Form.

Klopfen gegen den Boden hohl und dumpf. Hefebrot sollte nach dem Backen auf einem Kuchengitter auskühlen, Sauerteigbroten am besten langsam im ausgeschalteten Ofen. Hefebrot schmeckt frisch am besten, Sauerteigbroten tut eine kurze Lagerung von 1–2 Tagen vor dem Anschneiden gut. Sie entwickeln in der Zeit noch mehr Aroma und lassen sich besser schneiden, ohne zu zerbröckeln.

Über das Mehl

Backfähige **Mehlsorten** werden aus den Brotgetreiden Weizen, Dinkel, Roggen, Hafer und Gerste gemahlen. Weizen und Dinkel ergeben helles Mehl für helles Gebäck. Das dunkle Roggenmehl geht am besten mit Sauerteig auf. Teige aus Hafer und Gerste setzt man am besten mit Backferment an. Zusätzlich gibt es noch Spezialmehle für Hefekuchen, Strudel oder Stollen.

Die Type, von 405 bis 1050, bezeichnet den Ausmahlungsgrad und gibt an, wie viele Mineralstoffe (und damit Schalenanteile) das Mehl enthält. Je höher die Zahl, desto mehr Schalenanteile sind drin und desto vollwertiger und ballaststoffreicher ist das Mehl. Das feine Weizenmehl Type 405 oder 505 wird für weißes Gebäck verwendet. Die höheren Typen brauchen mehr Flüssigkeit und eine längere Gehzeit als das helle Mehl. Weizenmehl aus dem ganzen Korn hat keine Typenbezeichnung, sondern wird als »Weizenvollkornmehl« bezeichnet. Das dunkle Roggenmehl ergibt vor allem schmackhaftes, kräftiges Brot.

Der Backofen als Dampfgarer – (wie) geht das?

Bei Kombigeräten mit normaler Backofenfunktion und einer Dampffunktion wird in einem Dampfgenerator Wasser verdampft und in den Garraum geleitet; dabei sind verschiedene Funktionen wählbar. Der Vorteil: Durch die höhere Feuchtigkeit bleibt alles saftiger: Käsekrusten trocknen nicht aus, sondern bleiben schön elastisch, geschmortes Fleisch behält mehr Feuchtigkeit und auch Brot gelingt besser.

Wer diese Funktion nicht hat, kann aber auch dem normalen Backofen »Dampf machen« (siehe Seite 138 beim Thema Brotbacken). Auch ein Römertopf ist ein einfacher Dampfgarer, da er beim Erhitzen die Feuchtigkeit an die Lebensmittel abgibt. Im Römertopf werden Eintöpfe aller Art und Braten sehr schön.

Wer es etwas professioneller mag und seinen Backofen nachrüsten möchte, kann von verschiedenen Herstellern Systemdampfgarer kaufen. Das Prinzip ist einfach: Ein tiefes Blech mit Glashaube verwandelt sich in einen Dampfgarer, das eingefüllte Wasser wird durch die Unterhitze des Backofens erhitzt. In dem geschlossenen System kann von Fisch über Gemüse bis zu Kartoffeln alles wie im Dampfgarer zubereitet werden. Der Nachteil: Beim Öffnen der Haube entweicht sehr viel Dampf, es ist nur schwer möglich, den Garzustand zu kontrollieren oder Zutaten mit einer kürzeren Garzeit nachzulegen. Außerdem ist das System recht groß und unhandlich. Die Ergebnisse beim Kochen sind jedoch super.

Zum Gebrauch
Damit Sie Rezepte mit bestimmten Zutaten noch schneller finden können, stehen in diesem Register zusätzlich auch beliebte Zutaten wie **Kartoffeln** oder **Lachs** – ebenfalls alphabetisch geordnet und **hervorgehoben** – über den entsprechenden Rezepten.

Die BRIGITTE-Kochbuch-Edition

ISBN 978-3-8338-1505-8

ISBN 978-3-8338-1506-5

ISBN 978-3-8338-1507-2

ISBN 978-3-8338-1511-9

ISBN 978-3-8338-1512-6

ISBN 978-3-8338-1513-3

NIE WIEDER ZETTELWIRTSCHAFT! Die beliebtesten Rezepte aus der BRIGITTE werden hier vom Kochbuch-Spezialisten GU endlich in einer Edition präsentiert. Rezepte für jeden Anlass, für jede Saison – natürlich mit allen Klassikern und mit vielen Neuheiten. Freuen Sie sich darauf und sammeln Sie mit!

Mehr Kochen war noch nie

ISBN 978-3-8338-1508-9

ISBN 978-3-8338-1510-2

ISBN 978-3-8338-1509-6

ISBN 978-3-8338-1514-0

ISBN 978-3-8338-1515-7

ISBN 978-3-8338-1516-4

KOMPETENT: zwei starke Marken – BRIGITTE und GU – garantieren höchste Qualität und Gelingsicherheit. **WERTVOLL:** schöne Ausstattung mit Lesebändchen. **UNVERWECHSELBAR:** herausragende Gestaltung, auffällig schöne Fotografie. **EMOTIONAL:** das Gute-Laune-Gefühl der BRIGITTE in Buchform.

GU | Brigitte KOCHBUCH-EDITION

IMPRESSUM

Liebe Leserin, lieber Leser,

wir freuen uns, dass Sie sich für ein Buch der Brigitte-Kochbuch-Edition entschieden haben. Mit Ihrem Kauf setzen Sie auf Qualität und Kompetenz zweier starker Marken: Brigitte und GU. Dafür bedanken wir uns bei Ihnen.

Um in Zukunft noch besser auf Ihre Wünsche eingehen zu können, ist uns Ihre Meinung wichtig. Bitte senden Sie uns Ihre Anregungen, Ihre Kritik, Ihr Lob und auch Ihre Fragen zu unseren Büchern. Wir freuen uns auf Ihre Nachricht!

GRÄFE UND UNZER VERLAG
Leserservice
Postfach 86 03 13
81630 München

Montag – Donnerstag: 8.00 – 18.00 Uhr
Freitag: 8.00 – 16.00 Uhr
Tel: 0180-5 00 50 54*
Fax: 0180-5 01 20 54*
E-Mail: leserservice@graefe-und-unzer.de

*(0,14 €/Min. aus dem dt. Festnetz/ Mobilfunkpreise können abweichen.)

BRIGITTE
Leserservice
Tel: 040-370 30
Fax: 040-37 03 56 34
E-mail: infoline@brigitte.de

Brigitte

GRÄFE UND UNZER
Ein Unternehmen der
GANSKE VERLAGSGRUPPE

Chefredakteur BRIGITTE Andreas Lebert
Programmleitung GU Doris Birk
Projektleitung und Rezeptauswahl Burgunde Uhlig (BRIGITTE), Birgit Rademacker (GU)
Texte Katja Jührend (BRIGITTE)
Rezeptbearbeitung Frauke Prien (BRIGITTE)
Lektorat Adelheid Schmidt-Thomé
Korrektorat Mischa Gallé
Layout, Typografie und Umschlaggestaltung independent Medien-Design, München
Satz Uhl + Massopust, Aalen
Herstellung Petra Roth
Reproduktion Longo AG, Bozen
Druck und Bindung Mohn media, Gütersloh

ISBN 978-3-8338-1510-2

1. Auflage 2008

Rezepte, Produktion und Foodstyling
BRIGITTE-KOCHRESSORT
Seite 56 Kristiane Müller-Urban

Bildnachweis
Fotografie Thomas Neckermann
Seite 88, 128 Carsten Eichner
Seite 136 links unten Fotos mit Geschmack
Seite 10, 28, 32, 120, 136 links oben Ulrike Holsten
Seite 16, 74 Michael Holz
Seite 98 Joerg Lehmann
Seite 8, 36, 49, 56, 135 links, 136, 138 rechts Jörn Rynio
Seite 138 links Foodfoto Teubner
Seite 30, 100 Götz Wrage
Seite 60, 94 Klaus Willenbrock

Titel
Foto Ulrike Holsten
Assistenz Ulrike Kallweit
Styling Dietlind Wolf
Foodstyling Nicole Müller-Reymann